MUSIKERINNEN UM GUSTAV MAHLER

JÜDISCHE MINIATUREN
Herausgegeben von Hermann Simon

Band 259 MUSIKERINNEN UM GUSTAV MAHLER

Alle „Jüdische Miniaturen" sind auch im Abonnement beim Verlag erhältlich.

Die Deutsche Nationalbibliothek verzeichnet diese Publikation in der Deutschen Nationalbibliografie; detaillierte Daten sind im Internet über https://portal.d-nb.de/ abrufbar.

Inh. Dr. Nora Pester
Haus des Buches, Gerichtsweg 28
04103 Leipzig
info@hentrichhentrich.de
http://www.hentrichhentrich.de

Korrektorat: Federico Antonelli
Gestaltung: Michaela Weber
Druck: Winterwork, Borsdorf

1. Auflage 2020

Printed in Germany
ISBN 978-3-95565-414-6

MARTINA BICK

MUSIKERINNEN UM GUSTAV MAHLER

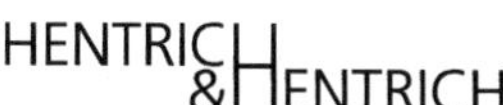

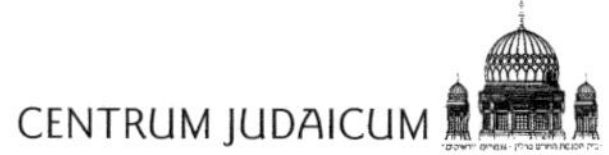

Umschlag vorn:
Oben v. l. n. r.: Johanna Richter, Natalie Bauer-Lechner, Alma Mahler
Unten v. l. n. r.: Selma Kurz, Alma Rosé, Anna Mahler

Gedruckt mit freundlicher Unterstützung der
Mariann Steegmann Foundation

Inhalt

Vorwort

Musik als kulturelles Handeln wurde und wird stets von Männern *und* Frauen getragen. Im kulturellen Gedächtnis bleiben Frauen jedoch meist nur aufgrund ihrer „Beziehungen" und „Affären" mit berühmten Männern – gleichberechtige Aufnahme und nachhaltige Anerkennung als Musikerinnen fanden und finden sie bis heute häufig nicht. Die Lebens- und Berufswege von neun Musikerinnen aus dem persönlichen und beruflichen Umfeld Gustav Mahlers, die man aus der Mahler-Biografik kennt, sollen darum in diesem Band so weit wie möglich rekonstruiert werden. Von ihnen waren die Sängerinnen Selma Kurz, Betty Frank und die Musikförderin Marion von Weber jüdischer Herkunft, ebenso wie Gustav Mahler, seine Tochter Anna und seine Nichte Alma Rosé.

Eine Quelle für ihre Biografien stellt der Brief über „Mahlers Lieben" dar, den die Bratschistin und langjährige Freundin Mahlers, Natalie Bauer-Lechner, im Februar 1917 als „Ergänzung zu ihren Mahler-Erinnerungen" an Hans Riehl schrieb.[1] Außerdem konnte ich zurückgreifen auf lexikalische Artikel über Natalie Bauer-Lechner, Anna Bahr-Mildenburg, Alma Mahler und Alma Rosé auf der Genderforschungs-Plattform MUGI (Musik und Gender im Internet).[2] Für Dokumente, Hinweise und Unterstützung danke ich der

Theatersammlung der Universität Köln, Herrn Prof. Dr. Jens Malte Fischer, Frau Dr. Annegret Rosenmüller vom Robert-Schumann-Haus Zwickau und Prof. Dr. Claudia Maurer-Zenck.
Ich danke der Steegmann Foundation für die großzügige Förderung dieses Buchprojektes und Prof. Dr. Hertha Richter-Appelt sowie Prof. Dr. Beatrix Borchard für Ermutigung, Anregungen und Kritik.

Martina Bick, Hamburg im Juni 2020

Natalie Bauer-Lechner (1858–1921)

Am Konservatorium der Gesellschaft der Musikfreunde in Wien, wo sie bis zu ihrem vierzehnten Lebensjahr Geigenunterricht erhalten hatte, erlebte die Bratschistin Natalie Bauer-Lechner Gustav Mahler zum ersten Mal bei den Orchesterübungen Josef Hellmesbergers als jungen Komponisten und später auch als Pianisten. Mit fünfzehn hatte man ihn zum Musikstudium nach Wien geschickt, wo er 1880 seine Studien abschloss. Geboren 1860 in dem kleinen böhmischen Dorf Kalischt und aufgewachsen im mährischen Iglau hatte sich seine musikalische Begabung schon früh gezeigt. Seit seinem sechsten Lebensjahr hatte er Klavier- und Musikunterricht erhalten.

Natalie Bauer-Lechner erkannte sein musikalisches Talent sogleich.[3] Bei gemeinsamen Freunden lernte sie Mahler später persönlich kennen und ab Oktober 1890 besuchte sie den rasch arrivierten Dirigenten und ehemaligen Kommilitonen in Budapest. In den folgenden Jahren verbrachte sie mit ihm und seiner Schwester Justine, die ihm nach dem Tod der Eltern im Jahr 1889 den Haushalt führte, in Berchtesgaden, am Attersee, in Tirol oder am Wörthersee viele Urlaube.

Natalie Bauer-Lechner war nicht nur eine gute Radfahrerin und Wandergenossin, sie machte es sich auch zur Lebensaufgabe, den sehr geliebten und als Ausnahmemusiker erkannten Freund schriftlich zu porträtieren. Ihre „Erinnerungen an Gustav Mahler"[4], erschienen erst 1923, zwei Jahre nach ihrem Tod, geben detailliert Auskunft über Mahlers Ansichten zur Musik, seine Arbeitsweisen und Arbeitsauffassungen und sind für die Mahlerforschung und -rezeption seit langem von großer Bedeutung.

Neben ähnlichen – unveröffentlichten – Aufzeichnungen über den gemeinsamen Freund, Dramatiker und Denker, Übersetzer und Journalisten Siegfried Lipiner ist 1907 im familieneigenen Verlag „Rudolf Lechner und Sohn" in Wien ihre Schrift „Fragmente. Gelerntes und Gelebtes" erschienen. Durch die 236 Seiten starke Sammlung von Aphorismen und kurzen Essays zu künstlerischen, politischen, philosophischen oder psychologischen Themen zieht sich wie ein roter Faden die „Frauenfrage" mit Kapiteln wie „Beruf und Liebe", „Sozialismus und Frauenfrage", „Kindererziehung", „Die Frauen – Sexuelle Fragen" oder „Weiberkleidung". Die Musikerin nahm als Autorin engagiert Partei für die Emanzipation der Frau und verurteilte wiederholt die traditionelle Mädchenerziehung vor allem in den höheren Schichten, hatte sie doch selbst stark gelitten unter der Zurücksetzung als Mädchen gegenüber ihrem Bruder.

Am 9. Mai 1858 als erste Tochter des Universitätsbuchhändlers und Verlegers Rudolf Lechner und seiner Frau Julie von Winiwarter, der Tochter des Rechtsgelehrten und Universitätsprofessors Josef Ritter von Winiwarter, in Wien geboren, war sie zusammen mit zwei jüngeren Schwestern und einem Bruder in Wien aufgewachsen. Ab ihrem fünften Lebensjahr erhielten die Mädchen Geigenunterricht. Als Natalie acht Jahre alt war, wurde sie ins Konservatorium aufgenommen, wo sie neben dem Hauptfach Violine auch Klavier studierte. Da es für die Schwestern keinen Schul- oder Prüfungszwang gab, wurden sie durch häufig wechselnde Hauslehrer unterrichtet. Ihre lückenhafte Ausbildung empfand Natalie angesichts der Möglichkeiten ihres Bruders als „namenlose Ungerechtigkeit".[5] Mit großem Wissensdurst und einem „unersättlichen Lesetrieb", der sie ihr ganzes Leben hindurch begleitete, versuchte sie, den mangelnden Unterricht zu kompensieren.

Nach einer gescheiterten Ehe mit dem verwitweten Hofrat und Professor für chemische Technologie an der Technischen Hochschule Wien Dr. Alexander Bauer, mit dem Natalie Bauer-Lechner als Siebzehnjährige verheiratet worden war, war sie ab 1885 auf sich selbst gestellt und als Bratschistin und Violinpädagogin in Wien tätig. Höhepunkt ihrer Musikerinnenkarriere war ihre Mitwirkung als Bratschistin in dem renommierten Damen-Streichquartett der Geigenvirtuosin und Schülerin Joseph Joachims, Marie Soldat-Roeger[6], das „zu den besten der etablierten Streichquartette in Wien“[7] gehörte und über Jahrzehnte im europäischen Musikleben präsent war. Insbesondere die „vornehm künstlerischen Ziele“ des Damenstreichquartetts erregten bei den Zeitgenossen Erstaunen und Bewunderung, womit die Musikerinnen in dieser bis dahin rein männlichen Domäne „eine gefährliche Concurrenz in der weiblichen Quartett-Robe“[8] darstellten. Natalie Bauer-Lechner wurde von der Kritik besonders für ihren „wundervoll weichen, üppigen Ton“ und ihre „große Taktsicherheit“[9] gelobt. Kammermusik und insbesondere das Quartettspiel waren für sie der zentrale Ausdruck ihres musikalischen Selbstverständnisses und Kristallisationspunkt ihrer Ästhetik: „Im Quartettspiel ist's wie in der Ehe: Es kommt bei aller Gegensätzlichkeit auf die größte Übereinstimmung und vollkommenste Ergänzung an. Kein Teil darf minderwertig sein, keiner darf übergreifen und den anderen unterdrücken; wehe aber, wenn nicht die führende Stimme, sondern etwa eine Nebenstimme die stärkere ist! In Rhythmus, Wärme, sich in-einander-Fügen und -Schmiegen muß es wie eine prästabilierte Harmonie erscheinen; und Ziel und Aufgabe des Vereins dürfen nie geringe, sondern stets nur die ernstesten und größten sein. Und

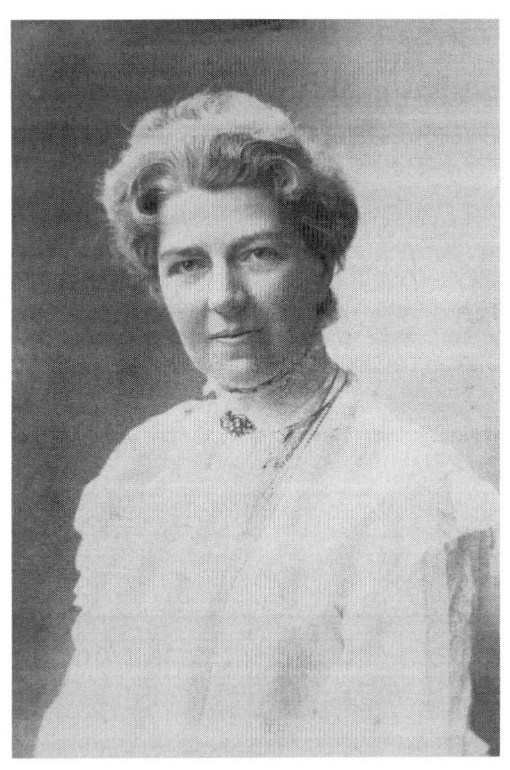

Natalie Bauer-Lechner, 1903

weil all dies zu erfüllen und zu lösen ein so unerhört schweres Problem ist, sind gute Quartette – und gute Ehen – so selten!“[10]

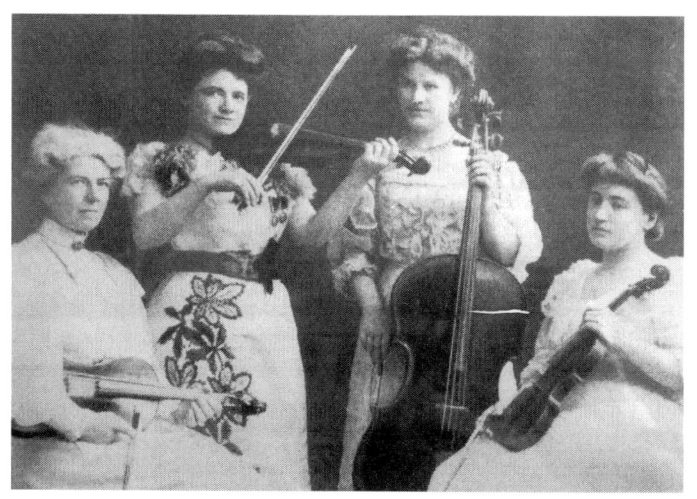

Das Soldat-Roeger-Damen-Streichquartett, 1907

Nach seinem Debüt im Wiener Bösendorfersaal am 11. März 1895 konzertierte das Soldat-Roeger-Quartett bis 1913 regelmäßig im In- und Ausland.[11] Gespielt wurden anfangs vornehmlich Werke der Wiener Klassiker Haydn, Mozart und Beethoven sowie von Schubert, Schumann, Mendelssohn-Bartholdy und Brahms. Neben den Streichquartetten wurden zur Auflockerung des Programms kammermusikalische Werke in anderen Besetzungen aufgeführt, wie z. B. Solosonaten für Violine, die Marie Soldat-Roeger

vortrug, Violin- und Violoncellosonaten mit Klavier sowie verschiedene Trio-Formationen, Quintette oder Oktette. Wenn nötig wurden Kollegen dazugebeten wie etwa der damalige Wiener Hofkapellmeister Bruno Walter (Klavier) oder der Cellist des Berliner Joachim-Quartetts, Robert Hausmann. Der Klarinettist und Kammervirtuose des Meininger Orchesters, Richard Mühlfeld, konzertierte regelmäßig mit den Musikerinnen. Zum Repertoire des Ensembles gehörte z. B. das Klarinettenquintett B-Dur von Weber oder das Klarinettenquintett h-moll, op. 115 von Brahms, welches am häufigsten gespielt wurde.
Zwar unterlagen die Konzertprogramme ständiger Veränderung und Erweiterung, beschränkten sich jedoch anfangs auf erprobte und bekannte Werke. 1897 wurde zum ersten Mal ein Werk eines zeitgenössischen Komponisten aufgeführt: das Klavierquartett C-Dur von Joseph Labor. Ab 1903 wurden zunehmend zeitgenössische Werke ins Programm genommen, darunter auch die Uraufführung eines Streichquartetts von Sylvio Lazzari. Man muss bei der Programmbetrachtung berücksichtigen, dass die Musikerinnen – zumindest galt dies für Marie Soldat-Roeger und Natalie Bauer-Lechner – mit dem Quartettspiel ihren Lebensunterhalt sichern mussten, während viele ihrer männlichen Kollegen gleichzeitig Mitglieder der Wiener Orchester oder Professoren

für Musik an den Akademien waren, Berufe und Erwerbsmöglichkeiten, die den Frauen in dieser Zeit in der Regel nicht offenstanden.
Nach Auflösung des Quartetts 1913 litt Bauer-Lechner zunehmend unter finanziellen Sorgen und – auch bedingt durch die Kriegsjahre – großer Not. Der Kontakt zu Mahler war nach seiner Eheschließung mit Alma Schindler 1902 vollständig abgebrochen. Bis zu ihrem Tod beschäftigte sie sich mit ihren Aufzeichnungen über den ehemaligen Freund, konnte sich jedoch nicht entschließen, Texte daraus zu veröffentlichen. Kleinere Auszüge aus ihren Tagebüchern erschienen 1912 anonym im *Merker* und 1920 in *Musikblätter des Anbruch*.[12] Eine 1918 veröffentlichte Schrift „Über den Krieg", dessen handschriftliches Fragment heute nicht mehr erhalten ist, soll nach Auskunft der Familie zu einer Anklage wegen Hochverrats und einer Gefängnisstrafe Bauer-Lechners in Wien geführt haben. Diese Information ließ sich jedoch nicht verifizieren. Wenig später, im Jahr 1921, starb Natalie Bauer-Lechner mit 63 Jahren an „Altersschwäche und Melancholie"[13] in sehr ärmlichen Verhältnissen in Wien. Beate Thalberg porträtierte die Musikerin und Autorin 2010 in ihrem Dokudrama „Meine Zeit wird kommen. Gustav Mahler in den Erinnerungen von Natalie Bauer-Lechner"[14] mit Petra Morzé und Robert Ritter in den Hauptrollen.

Johanna Richter (1858–1943)

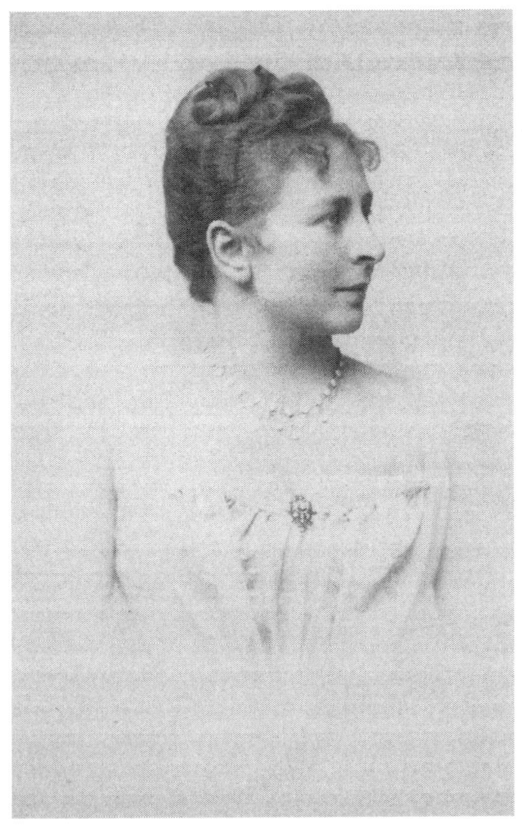

Johanna Richter, 1894

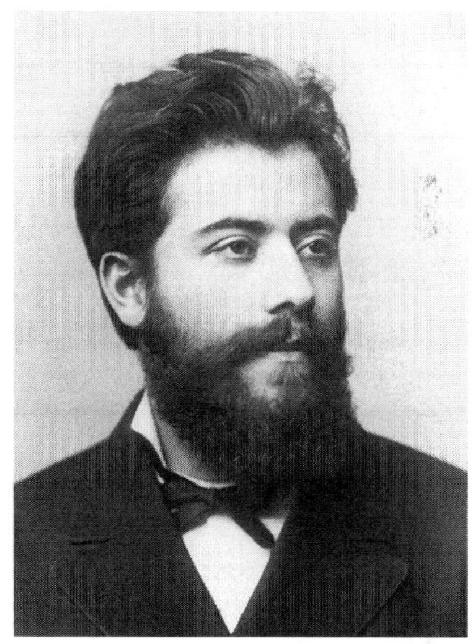

Gustav Mahler, 1883 in Kassel

Die Sängerinnen Johanna Richter und Virginie Naumann-Gungl wurden genau wie Gustav Mahler zum Herbst 1883 am Königlichen Theater Kassel unter Vertrag genommen. Die Zeit der italienischen Opern war fast ganz vorüber, neben den bewährten Erfolgsopern von Mozart, Beethoven und Weber standen nun Wagners Werke auf dem Spielplan. Oft wurden Potpourris dargeboten, Operetten setzten sich durch. Große neue Erfolge versprachen Bizets *Carmen* und

Ambroise Thomas' *Mignon*, auch Gounods *Margarethe* und *Romeo und Julia* sowie die Werke Meyerbeers.[15]
Gustav Mahler erhielt hier nach kurzfristigen Anstellungen als Kapellmeister für Provinzensembles in Bad Hall, Laibach und Olmütz seinen ersten gut dotierten Vertrag als Zweiter Kapellmeister und Chordirigent an einem großen und traditionsreichen Haus. Die Sopranistin Virginie Naumann-Gungl, geb. 1848 in New York, war verheiratet und hatte zwei Kinder, während ihre Freundin, Johanna Richter, mit der sie zuvor schon gemeinsam am Stadttheater Bremen engagiert gewesen war, am 18. August 1858 in Danzig geboren war. Sie hatte dort eine Gesangsausbildung erhalten und 1879 am Stadttheater debütiert. „Von seinen spätern Lieben tat mir Mahler die erste Erwähnung aus Kaßel, als er am Hoftheater daselbst Kapellmeister war. Und hier hatten es ihm gleich zwei Sängerinnen auf's Heftigste angetan. Die Eine schwarz, die Andre blond (so glaube ich, erzählte er mir), die Eine sanft, die Andre bewegt & erregt, stellten sie die völligste Gegensätzlichkeit dar," schrieb Natalie Bauer-Lechner 1917 an den österreichischen Ökonom, Sozial- und Kunstwissenschaftler Hans Riehl (1891–1965).[16] Auch seinem langjährigen Freund Friedrich Löhr berichtete Mahler, dass er sich gleich nach seiner Ankunft in Kassel verliebt habe. Da Naumann-Gungl

deutlich älter als er und bereits gebunden war, richtete sich seine Aufmerksamkeit bald ganz auf die Koloratursopranistin Johanna Richter. Doch so eng die Beziehung zwischen ihnen auch wurde, sie blieb uneindeutig und bereitete Mahler aufwühlende und zerstörerische Gefühle, vor denen er schließlich kapitulierte. Zuvor jedoch inspirierten sie ihn zur Dichtung der später vertonten *Lieder eines fahrenden Gesellen.*
Wir wissen nicht, wie Johanna Richter die Beziehung zu Mahler empfunden hat und was ihr von Mahler in seinen Briefen an Löhr als „rätselhaft" und ambivalent beschriebenes Verhalten begründete. Nur zwei Briefe von ihr sind erhalten. Der eine, gerichtet an Gustav Mahler in Prag vom 2. April 1886, beginnt mit der Formel „Mein lieber guter Freund" und endet mit der Versicherung „unveränderter Freundschaft"". Johanna Richter fordert Mahler auf, ihr von seinen neuen „Dummheiten" zu schreiben und berichtet u. a. von ihrer Freundin Naumann-Gungl, deren Sohn erkrankt war und offenkundig auch von ihr mitversorgt wurde. Ihre Freundschaft zu der Tochter des Komponisten und Kapellmeisters Joseph Gungl hatte unter der Beziehung zu Mahler offenbar nicht gelitten – aber welcher Art war sie ihrerseits gewesen, diese Beziehung?
Am 11. Oktober 1883 stand Johanna Richter zum ersten Mal in Kassel in einer von Mahler dirigierten

Aufführung auf der Bühne, nämlich als Leonore in Flotows *Alessandro Stradella*. Im April 1884 schrieb Mahler rückblickend über die letzten Monate seinem Freund Löhr, dass „eine Zeit des *fortwährenden*, unerträglichsten Kampfes" über ihn hereingebrochen sei, den er „täglich, ja stündlich"[17] bestehen müsse. „Kaum, daß ich das Pflaster Cassels berührte, hat mich der alte schreckliche Bann ergriffen, und ich weiß nicht, wie ich das Gleichgewicht in mir wieder herstellen soll", berichtete er Ende August nach der Rückkehr aus den Sommerferien, die er im heimatlichen Iglau verbrachte hatte. Er wollte sich Klarheit verschaffen, die Angebetete zur Rede stellen: „Heute Nachmittag gehe ich zu ihr, ‚mache ihre meine Visite', darnach [wird] meine Lage sofort bestimmte Gestalt gewinnen."[18] Doch die Bestimmtheit stellte sich nicht ein, in Mahlers Augen blieb Johanna Richter „rätselhaft" und verwirrend.

Im Herbst 1884 verfasste er, der in dieser Zeit noch schwankte, auf welche seiner Begabungen zum Dichten, zum Klavierspielen, zum Dirigieren oder zum Komponieren er sich konzentrieren sollte, sechs Gedichte um die romantische Figur des unglücklich-melancholischen Wanderers, von denen er später vier für tiefe Stimme und Klavier vertonte. Die sechs Gedichte widmete er Johanna Richter. „Sie kennt sie nicht. Was können sie ihr anderes sagen, als was sie weiß",

schrieb er am Neujahrstag 1885 nach einer gemeinsam in ihrer Wohnung verbrachten Silvesternacht an Löhr. „Ich saß gestern abend allein bei ihr und wir erwarteten beinahe stumm die Ankunft des neues Jahres. Ihre Gedanken weilten nicht bei dem Gegenwärtigen, und als die Glocke schlug, und Thränen aus ihren Augen stürzten, da kam es so furchtbar über mich, daß ich, ich sie nicht trocknen durfte. Sie ging in das Nebenzimmer und stand eine Weile stumm am Fenster, und als sie wiederkam, still weinend, da hatte sich der unnennbare Schmerz wie eine ewige Scheidewand zwischen uns aufgestellt, und ich konnte nicht anderes, als ihr die Hand drücken und gehen. Als ich vor die Türe kam, da läuteten die Glocken, und vom Turm tönte der feierliche Choral.“[19]
Was mag der „unnennbare Schmerz“, der Johanna Richter zum Weinen brachte, gewesen sein? Eine Beziehung zwischen ihm als Kapellmeister und ihr als Sängerin war am Kasseler Theater so wenig wie anderswo geduldet, erst recht nicht unter dem Intendanten Adolf Freiherr von Gilsa. Der ehemalige Militär führte ein strenges Regiment, kleinste Verfehlungen der Mitarbeitenden wurden rigide bestraft und in einem Strafregister aufgezeichnet. Der Umgang von Männern und Frauen am Theater war besonders strikt geregelt, so durfte kein Kapellmeister oder Korrepetitor allein in einem Raum mit

einer Sängerin arbeiten – es musste stets eine dritte Person anwesend sein. Eine offizielle Verbindung zwischen Mahler und Richter hätte zur Kündigung mindestens eines der beiden Theatermitglieder geführt – und mit ziemlicher Sicherheit das Ende von Johanna Richters Zeit am Kasseler Theater, vielleicht ihrer gesamten Sängerinnenkarriere, bedeutet. Sollte sie nicht zutiefst verwirrt sein, wenn sie sich vor die Entscheidung gestellt fühlte, um einer Liebe Willen ihren Beruf aufgeben zu müssen? Bleibt zu fragen, warum Mahler dies nicht erkannte, es zumindest nirgends nachvollziehbar bedacht haben dürfte? „Meine Sphinx hört nicht auf, mir rätseldrohend in die Augen zu starren“[20], schrieb er stattdessen am 12. Mai 1885 an Löhr. Wir wissen, dass er zwanzig Jahre später seine Braut Alma Schindler aufforderte, das Komponieren aufzugeben.

Der zweite erhaltene Brief vom 23. September 1884 von Johanna Richter an Theaterintendant v. Gilsa vermittelt ein ganz anderes Bild von ihr als das der passiven, rätselhaften Sphinx. Sie zeigt sich als selbstbewusste Verfechterin ihres Standpunktes, die gegen eine Strafe protestiert, die sie wegen ihrer Interpretation der Rolle der Frasquita in Bizets *Carmen* erhalten hatte: „Geehrter Herr Baron! [...] Um zunächst von dem vorliegenden Fall zu sprechen ist es meine Ansicht, daß die ‚Frasquita‘, ein übermächtiges,

schwatzhaftes Geschöpf, welches sich in der genannten Szene auf offenem Markte befindet, umgeben vom tollsten Gewirr und lärmendster Heiterkeit, entschieden mit Ausgelassenheit und lachender Miene dargestellt werden muß. Anlaß zur Störung gab es wol sicher nicht, und wenn ich des Guten vielleicht ein Wenig zu viel gethan hätte (woran ich mich bei angestrengtestem Nachsinnen nicht erinnern kann), so ist dies doch nicht derjenige Fehler, den man sonst einer darstellenden Künstlerin zum Vorwurf zu machen pflegt.
Wie soll ich aber fernerhin den Muth fassen, so recht aus dem Innersten heraus und nach Herzenslust eine Gestalt darzustellen, wenn ich immer daran denken soll, ob ich auch das rechte Maß halte und etwa durch eine Nuance mehr mir einen Verweis zuziehe. Und übrigens war ich ja stets gern bereit, mich zu corrigiren, wenn die Belehrung von der maßgebenden Seite ausging."[21]
Es ging noch eine Weile hin und her zwischen den beiden, bis Mahler am Ende die Konsequenzen zog und sein vorzeitiges Entlassungsgesuch einreichte, dem zum 31. Juli 1885 stattgegeben wurde. Neben seiner verfahrenen Gefühlslage hatten sich berufliche Probleme mit dem direkten Vorgesetzten Wilhelm Treiber u. a. wegen der Durchführung des großen Musikfestes 1885 so zugespitzt, dass es sogar zu

antisemitischen Angriffen gegen ihn in der Lokalpresse kam.
Johanna Richter blieb eine weitere Spielzeit in Kassel, wo sie sowohl als hoher Koloratursopran als auch als Soubrette mit „großer Kehlfertigkeit, Sicherheit und geschmackvollem Vortrag“[22] in vielen Rollen glänzte, u. a. als Konstanze in Mozarts *Entführung* oder als Königin der Nacht in der *Zauberflöte*, Leonora in Verdis *Troubadour* oder als Venus in Wagners *Tannhäuser*. Besondere Leistungen hatte Mahler ihr als Solistin in Haydns Oratorium *Die vier Jahreszeiten* abgefordert, die sie zum ausgesprochenen Publikumsliebling machten.
Die *Hessische Morgenzeitung* berichtete nach der Aufführung vom 13. Februar 1885: „Die Vertreterin des Soprans, königl. Hofopernsängerin Fräulein Johanna Richter aus Kassel, wurde ihrer Aufgabe sowohl durch den lieblichen Wohlklang ihrer zu Herzen gehenden Stimme, als durch vollendete Gesangskunst im vollsten Maße gerecht. Der Vortrag der großen, technisch so schwierigen Arie ‚Welche Labung für die Sinne‘ wirkte geradezu elektrisierend auf das Publikum, während das Spinnerlied und die Romanze des vierten Theiles Meisterstücke eines aufs feinste nuancierten Vortrages waren. Wie Perlen glitten die silberhellen Töne von den Lippen der anmuthigen Künstlerin“.[23]

Zur Spielzeit 1886/87 ging die Sängerin an die Deutsche Oper in Rotterdam. Am 30. April 1888 sang sie gastierend die Rolle der Margarethe von Valois in Meyerbeers *Hugenotten* am Stadttheater Köln a. Rhein. Ab Sommer 1888 gehörte sie als Koloratursopranistin zum Kölner Opernensemble, das unter Leitung von Intendant Julius Hofmann auf ein Niveau gehoben wurde, wie es nach Auskunft des Theaterforschers Franz Werner Halft erst Jahre später wieder unter Fritz Rémond erreicht wurde.[24] Alle großen Koloraturpartien wurden 1888 und 1889 von Johanna Richter gesungen, am häufigsten die Margarethe von Valois in den *Hugenotten*. Als Gäste wurden renommierte Sängerinnen und Sänger ans Kölner Stadttheater eingeladen, sodass Johanna Richter u. a. als Partnerin von Marianne Brandt, Rosa Paumgartner-Papier, Luigi Ravelli und Francisco Antrade auftrat. Das 1872 neu eröffnete Theater, dessen Ensemble in dieser Zeit auch in Bonn Vorstellungen gab, fasste 1700 Zuschauende und bot in der Spielzeit 1883/84 268 Aufführungen dar, davon 137 Opern und Konzerte und ungefähr ebenso viele Aufführungen von Schauspielen, Lustspielen, Possen und Schwänken. Am 22. Februar 1890 wurde Verdis *Rigoletto* als Benefiz-Veranstaltung für Johanna Richter gegeben; nach ihrer Abschiedsvorstellung am 23. April 1890 als Lucia di Lammermoor verließ sie die Kölner Spielstätte.

Von September bis Mai 1891 gastierte sie in Stettin und kehrte dann nach West- und Ostpreußen zurück, wo sie von 1892 bis 1895 unter Direktor Adolph Varena am neu eröffneten Stadttheater Königsberg engagiert war. 1900 beschloss sie ihre Theaterlaufbahn am Stadttheater Danzig, wo sie sie 21 Jahre zuvor begonnen hatte. Bis 1939, vier Jahre vor ihrem Tod, wurde sie als „Gesangslehrerin", „Gesangsmeisterin" und „Opern- und Konzertsängerin" im Danziger Adressbuch geführt. Sie wohnte stets in unmittelbarer Nähe des Theaters in der Heiliggeistgasse 5 bzw. Holzmarkt 11. Ab 1936/37 ist als Adresse Stadtgraben 5 angegeben, wo sich noch heute die französisch-reformierte Elisabeth-Kirche befindet, der zeitweise ein Hospital angeschlossen war. Johanna Richter blieb unverheiratet und starb 1943 im Alter von 85 Jahren in Danzig. Gustav Mahler hat sie vermutlich niemals wiedergesehen.

Betty Frank (1860–nach 1920)

Die Koloratursängerin Betty Frank, geb. am 2. Juli 1860 in Breslau unter dem Namen „Fränkel“[25], gehörte 1885 zum neuen Ensemble am Prager Landestheater, als dessen Direktor, Angelo Neumann, Gustav Mahler nach seinem vorgezogenen Weggang aus Kassel als Zweiten Kapellmeister einstellte. Dieses Engagement sollte für ihn eine besondere künstlerische Reifezeit werden, weil es ihm die Gelegenheit bot, sein Profil zu schärfen und hierfür große Anerkennung durch das Publikum zu erlangen. Betty Frank war durch Mathilde Marchesi de Castrone (1821–1913) in Paris ausgebildet worden, einer Schülerin von Manuel García (1805–1906), die als beste und letzte Vermittlerin der italienischen Gesangskunst galt. Frank hatte sich durch Engagements in Riga und im Hoftheater Wiesbaden bereits einen sehr guten Namen gemacht. Im September 1885 debütierte sie im Neustädter Sommertheater in Prag mit einer ihrer Paraderollen, der Königin der Nacht in Mozarts *Zauberflöte.* Die Musikkritik in der *Bohemia* begrüßte sie daraufhin als eine „Coloratursängerin, […] wie sie heutzutage nur selten zu hören sind. Dieselbe beherrschte ihr Organ von seltenem Umfang bei Anwendung der verschiedenen Stärkegrade und bei einem geschmackvollen Nuancenreichtum vollkommen und trug die Coloraturen

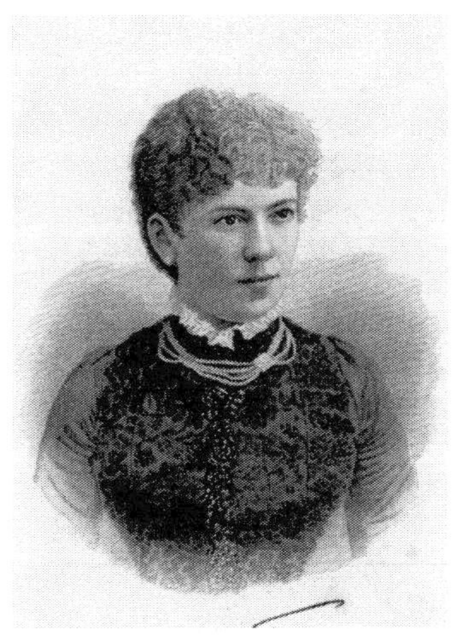

Betty Frank

instrumentalen Charakters in ihren beiden Arien mit einer Leichtigkeit vor, welche uns für ihre bedeutende Gesangskunst mit Hochachtung erfüllt."[26] Auch in allen ihren weiteren Partien war sie sehr erfolgreich und sowohl von der Kritik als auch vom Publikum stets hochgelobt. Die tschechische Musikwissenschaftlerin Jitka Ludová, die Betty Franks Wirken in Prag anhand aller dort verfügbaren Quellen aufgearbeitet hat,[27] hat insgesamt 68 Opern- und zwei Operettenvorstellungen gezählt, in denen die Sopranistin in der Spielzeit 1885/86 auftrat, in der Spielzeit

1888/89 sogar in 82 Vorstellungen mit 34 verschiedenen Werken.[28] Zudem stand sie auch als Konzertsängerin auf der Bühne und wirkte, wie alle beliebten Mitglieder des Opernensembles, bei Wohltätigkeitsveranstaltungen mit. Sowohl durch ihren musikalischen Ausdruck als auch im technischen Vortrag war sie so souverän, dass sie keine billigen Effekte nutzen musste, um sich in ein gutes Licht zu rücken, z. B. durch die Einlage bekannter Arien oder die Weglassung wenig dankbarer Partien. Sie zog es vor, den Originalpartituren treu zu bleiben und auch weniger erfolgversprechende Arien aufzuführen, die von anderen Sängerinnen zum Teil verschmäht wurden.

Betty Frank sang jedoch nicht nur dieselben Rollen wie Johanna Richter in Kassel, sie hatte offenbar auch eine ähnliche Anziehungskraft auf den gleichaltrigen Kapellmeister. So schrieb Mahler schon Anfang Dezember 1885 an seinen Freund Löhr, dass er „aus einer Dummheit" in die andere falle. „So habe ich mir in dieser kurzen Pause ein Süppchen eingebrockt, an dem ich wieder eine Zeitlang zu essen haben werde. Komm her! Alles will ich Dir sagen! Nichts kann ich schreiben."[29]

Gustav Mahler war am Neustädter Theater insbesondere für die Aufführung des Wagner-Repertoires eingestellt worden, darunter auch die Neueinstudierung der Ring-Tetralogie. Die Premieren von *Rheingold* und

Walküre am 19. und 20. Dezember 1885 stellten die Höhepunkte seiner bisherigen Karriere dar und waren große Publikumserfolge. Die Mitwirkung von Betty Frank bei beiden Opern in kleineren Nebenpartien – weil hier keine Hauptrollen für Koloratursopranistinnen vorgesehen sind – wertet Jitka Ludová zum einen als Zeichen für Franks Interesse an Wagners Werken, zum anderen als Hinweis auf die enge Freundschaft, die zu diesem Zeitpunkt zwischen beiden bestanden haben muss. Unter Mahlers Taktstock wirkte Frank u. a. auch in Beethovens *Fidelio* mit (als Marzelline) sowie in der 9. Symphonie, in Mozart-Opern und in Meyerbeers *Prophète* (als Bertha) und musizierte mit ihm Konzert- und Liederprogramme. Am wichtigsten war sicherlich das Wohltätigkeitskonzert zugunsten der Rechtsstudenten im Wintergarten des Grandhotels Bräuer am 18. April 1886, in dem Mahler auch drei eigene Lieder erstmals öffentlich aufführen ließ, gesungen von Betty Frank, von ihm selbst am Klavier begleitet: die frühen Lieder *Hans und Grete* und *Frühlingsmorgen* sowie ein Lied aus dem Zyklus *Lieder eines fahrenden Gesellen*, vermutlich *Ging heut' morgen über's Feld*.

Offenbar war es dieses Mal Mahler, der sich zuerst zurückzog, während Betty Frank an der gescheiterten oder verhinderten – auf jeden Fall für Ensemble-Mitglieder eines Theaters wieder unerlaubten – Beziehung litt. „Die F[rank] schreibt mir oft – es tut mir sehr weh, daß aus allen ihren Briefen ein ungemein trauriger entsagungsvoller Ton herausklingt“[30], schrieb Mahler in einem undatierten Brief an Fritz Löhr (vermutlich im August 1886). Während er die Prager Spielzeit Anfang Juli gestärkt verließ, um wenige Wochen später seinen Dienst am Leipziger Stadttheater anzutreten, blieb Betty Frank weitere fünf Jahre bis 1891 Mitglied des Prager Opernensembles, unterbrochen nur von Gastspielen, u. a. für vier Monate an der Metropolitan Opera in New York City 1889/90. Obwohl sie anfangs als international gefragter Star sehr gute Konditionen mit Direktor Neumann aushandeln konnte – sie musste z. B. kaum in Operetten auftreten – verschlechterte sich ihre Position bald und die 31-Jährige stand am Ende ihrer Vertragslaufzeit ohne Engagement dar. Franz Willnauer mutmaßt, dass ihre „Gesangskunst den Zenit“[31] überschritten hatte, vielleicht auch verursacht durch die Häufigkeit der Auftritte, die die Sängerin ermüdet haben müssen. Auch hatte das Publikum immer weniger Gefallen am Belcanto. Neben diesem „Umschwung im Repertoire“ kritisiert Jitka Ludová auch die Lehrmethoden von Mathilde Marchesi, deren Schülerinnen stets nur sehr kurze Karrieren gehabt hätten.[32]

Nach einigen schweren Jahren heiratete Betty Frank 1894 den dreizehn Jahre älteren Direktor einer

Prager Versicherungs-Filiale, Otto Rückert, und bekam mit ihm 1896 die Tochter Eleonore. Als Konzert- und Liedsängerin orientierte sie sich bereits seit den 1890er Jahren nach Berlin. Obwohl ihre Ehe nicht lange dauerte, lebte sie jedoch weiterhin in Prag – sicher auch wegen der Erziehung der gemeinsamen Tochter –, wo sie 1893 auch eine Gesangsschule eröffnet hatte, in der sie vermutlich bis nach der Jahrhundertwende tätig war. Ab 1896 wurde sie am Theater als „Pensionärin" geführt, für einen solchen Eintrag durfte laut Ludová allerdings der Künstler zur Ausübung seines Berufs nicht mehr fähig sein.[33] Dies aber scheint für Betty Frank (seit ihrer Heirat Frank-Rückert) nicht der Fall gewesen zu sein. Jedenfalls erhielt Gustav Mahler in seiner Funktion als Wiener Hofoperndirektor im Juni 1902 einen Brief von ihr mit der Bitte um einen Vorsingtermin: „Verehrtester Herr Direktor / Und – ich darf wohl sagen – lieber alter Freund! […] Nach mancherlei Stürmen, das [sic] mein Lebensschifflein zu bestehen hatte, und nach mehrjähriger Ruhepause hat sich mein so dünnes Stimmchen zu einer sehr großen, massiven und ausgesprochen hochdramatischen Stimme entwickelt. Auf allseitiges Zureden, und vor allem aus eigener Überzeugung habe ich mich nun entschlossen, wieder zur Bühne zurückzukehren. […] Meine Frage geht nun dahin, ob Sie mir nicht gestatten würden,

Ihnen einmal, wann immer es Ihnen passt, vorzusingen. Ich würde in diesem Falle sofort nach Wien kommen, Sie sehen, Sie riskiren dabei gar nichts, aber daß mir ganz besonders viel daran liegt, ein Urteil von Ihnen über mich zu hören, werden Sie sicher bei mir nicht für Phrase halten. Danke ich Ihnen künstlerisch doch so viel wie selten Jemand!"[34] Mahler ließ Betty Frank umgehend antworten und einen Termin noch vor dem 20. Juni 1902 anbieten, den die Sängerin auch wahrnahm – zum Engagement kam es jedoch nicht.

Einige Monate später wendete sie sich noch einmal an ihn, weil sie sich entschlossen hatte, „es mit einer Lehrcarrière"[35] zu versuchen und sich am Berliner Klindworth-Scharwenka-Konservatorium zu bewerben. Mahler antwortete wieder postwendend und sandte ein wohlwollendes Zeugnis mit: „Frau Betty Frank-Rückert ist mir aus der Zeit meines Engagements am Stadttheater Prag in bester Erinnerung ..."[36] Von 1911 bis 1918 war Betty Frank im Lehrkörper des Konservatoriums verzeichnet. 1913 war sie zum ersten Mal im Berliner Adressbuch eingetragen als „Gesangsmeisterin am Konservatorium Klindworth-Scharwenka", fünf Jahre später unterrichtete sie am Sternschen Konservatorium. Nach 1920, so nimmt der Mahler-Forscher Knud Martner an, ist sie in Berlin gestorben.

Marion von Weber (1856–1931)

Als Gustav Mahler im September 1886 sein Engagement als Zweiter Kapellmeister im Stadttheater Leipzig antrat, lebte auch die Familie des königlich-sächsischen Oberstleutnants und Schriftstellers Karl Maria Alexander Eduard von Weber (1849–1897) in Leipzig, ein Enkel des Komponisten Carl Maria von Weber. Der Oberstleutnant war hier mit seinem Regiment stationiert. Theaterintendant Staegemann machte Mahler mit dem Ehepaar von Weber bekannt, das den Kapellmeister bald dafür zu gewinnen suchte, das unvollendete Manuskript der Oper *Die drei Pintos* des Großvaters fertigzustellen. Mehrere Komponisten hatten dies bereits abgelehnt, u. a. Meyerbeer und Franz Lachner. Gustav Mahler aber interessierte die Aufgabe und er nahm die Komposition nach den vorhandenen Skizzen in Angriff, während der Oberstleutnant das Libretto fertigstellte.

Dessen Frau, Marion von Weber, war am 25. März 1856 als zweites Kind des Ehepaars Adolph und Mathilde Schwabe in Manchester geboren. Beide Eltern stammten aus deutsch-jüdischen Familien. Mathilde Schwabe (1834–1897) war die Tochter des Stuttgarter Hofrates und Bankiers Marx Mordechai Pfeiffer und dessen Frau Pauline. Adolph Schwabe, geb. 1823 (vermutlich in Hamburg), übernahm 1853 in Manchester die Baumwolldruckerei seines im selben Jahr verstorbenen Cousins und Schwagers Adolph Salis Schwabe, die dieser seit 1817 aufgebaut und bis zu seinem frühen Tod mit mehreren hundert Mitarbeitenden betrieben hatte.[37]

1868 verließ die Familie England und lebte in Berlin, wo sich zu dieser Zeit auch Eugenie Schumann (1851–1938), die jüngste Tochter von Clara und Robert Schumann, wegen ihres Klavierstudiums aufhielt. Zusammen mit ihren Brüdern Ferdinand und Felix Schumann war sie häufig bei Familie Schwabe zu Gast: „Zum Mittagessen waren wir alle drei abwechselnd bei Adolf Schwabes und Kapellmeister Eckerts, wo wir bald wie Kinder des Hauses verkehrten. Beide Familien waren auf das reizendste bemüht, uns das fehlende Elternhaus zu ersetzen, und mit herzlicher Dankbarkeit gedenke ich der beiden Frauen, die mir, jede auf ihre Art, viel Liebe erwiesen."[38] Eugenie Schumann freundete sich mit Marion Schwabe an, und auch die Mütter – Clara Schumann und Mathilde Schwabe – waren befreundet, was mehrere nachgelassene Briefe der Pianistin bezeugen. Sie besuchten einander, trafen sich im Urlaub oder verabredeten sich zu Theaterbesuchen. Häufig bat Clara Schumann Mathilde Schwabe um Empfehlungsschreiben für ihre Schülerinnen oder andere Frauen, die beabsichtigten, nach England zu

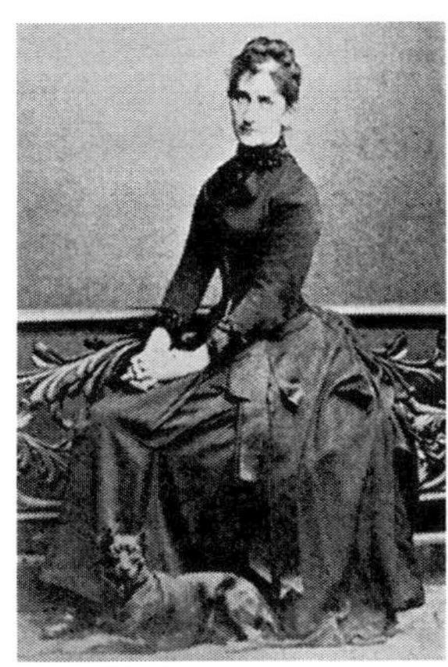

Marion von Weber, 1880

reisen. Gut befreundet war Clara Schumann auch mit Adolph Schwabes Schwägerin Julia Salis-Schwabe, der Witwe des Baumwollfabrikanten aus Manchester, sowie mit Lilly Pfeiffer (geb. Kann), die 1872 einen Bruder Mathilde Schwabes geheiratet hatte. Bei Familie Pfeiffer logierte die Pianistin regelmäßig, wenn sie in Stuttgart konzertierte.[39]

Auch die Clara Schumann-Freunde Joseph Joachim und Julius Stockhausen sowie Heinrich und Elisabeth von Herzogenberg[40] verkehrten mit den Schwabes in Berlin.

Vermutlich in Berlin lernte Marion Schwabe den aus Dresden stammenden Oberstleutnant Karl von Weber kennen, zumindest wurde nach der Heirat im Juli 1877 die erste Tochter Katharina 1878 in Berlin geboren. Sohn Adolf kam ein gutes Jahr später in Dresden zur Welt, ebenso wie die zweite Tochter Marion Maria Ellen, die 1881 geboren wurde.

Die gemeinsame Arbeit des Ehepaars Weber mit Gustav Mahler an den *Drei Pintos* zwischen Herbst 1886 und Frühjahr 1888 führte zu einer immer enger werdenden Beziehung zwischen Mahler und Marion von Weber, von Natalie Bauer-Lechner „Mahlers tiefste & innigste Liebe (– aus deren Nichterfüllung ihm Jahre tiefsten Leids erwachsen –)“[41] genannt. Georg Borchardt hat 2005 die Quellen dazu aufgearbeitet.[42] Im Januar 1887 zog Mahler in Leipzig um in eine schöne, große Wohnung in der Gustav-Adolf-Straße 12 in der Nähe der Webers. Bis Oktober wurde die Oper fertiggestellt und am 20. Januar 1888 am Stadttheater Leipzig sehr erfolgreich uraufgeführt. Ende März schloss Mahler auch seine 1. Sinfonie ab, aus deren Partitur er häufig mit Marion von Weber gemeinsam am Klavier musiziert hatte – sie muss eine gute Pianistin gewesen sein – und deren Andante *Blumine* er ihr zu ihrem Geburtstag im März widmete.[43] Anschließend überredete er sie, ihrem Mann die gemeinsame Liebe zu offenbaren – gemäß Bauer-Lechner im Vertrauen oder zumindest in der Hoffnung darauf, dass dieser sie aufgrund eigener Affären und einer freizügigen Geisteshaltung tolerieren würde. „Doch wie furchtbar war ihre Überraschung & Enttäuschung, als Weber, der nichts geahnt & bemerkt haben wollte, statt Billigung & Einvernehmen den gemeinen, kleinen Ehr- & Rechtstandpunkt herauskehrte."[44] Zwar sah der Oberstleutnant von einer Forderung zum Duell ab, Mahler jedoch erhielt Hausverbot und nahm im Mai 1888 wieder einmal vorzeitig Abschied von einem Wirkungsort.

Über das Folgende wird berichtet, Mahler habe mit Tickets für zwei Personen am Leipziger Bahnhof vergeblich auf die Geliebte gewartet, während Karl von Weber Eisenbahnabteile durchsucht und „William Tell-like" auf Kopfstützen geschossen haben soll – so beschrieben in den Memoiren der englischen Komponistin Ethel Smyth, die 1888 in Leipzig studierte und häufig bei von Webers zu Gast war.[45] Möglich ist, dass in dieser Zeit von Webers psychische Erkrankung begann, denn laut Willem Mengelberg[46] hat Marion von Weber ihren Mann zehn Jahre lang gepflegt, ehe dieser 1897 in Dresden starb. Bauer-Lechner berichtet weiter, dass Marion von Weber mit Mahler, der sich zunächst nach Iglau rettete und ab Herbst an der Budapester Oper tätig war, in geheimen Briefkontakt trat, der über eine Freundin in Leipzig abgewickelt wurde: „‚Und nun begann erst unser wahres Liebesleben', sagte mir Gustav später davon. Die durch die

Verhältnisse grausam Getrennten, lebten sich in zahllosen, nicht endenden Schreiben aus, die stets recommandirt, & vor Ungeduld gewöhnlich auch Expreß, von Einem zum Anderen hin & her flogen. – Gustavs Schwester Justi, welche als ich nach Pest kam, aus Neugierde, Anteil & Eifersucht, heimlich die Briefe Marions an Gustav las (– denn Discretion & Verläßlichkeit in solchen Dingen war nicht ihre Sache –) erzählte mir später darüber: Frau Weber müßte von Früh bis Nacht daran geschrieben haben, sonst wäre ihre Länge unerklärlich gewesen; & von der Glut ihres Inhalts mache man sich keinen Begriff! Aber auch diese größte Liebe Mahlers erschöpfte sich endlich an ihrer Hoffnungslosigkeit."[47] In einer Fußnote fügt Bauer-Lechner hinzu, dass von den Weber'schen Briefen gewiss keine mehr existierten, dass Frau Weber aber hoffentlich Mahlers Briefe aufgehoben habe – soweit bekannt sind jedoch auch diese nicht mehr vorhanden.

Dass Marion von Weber jedoch die ihr von Mahler überlassenen Manuskripte auf das Sorgfältigste bewahrte, bezeugt Willem Mengelbergs Bericht eines Besuchs bei ihr an seine Frau Mathilde (Tilly) vom 10. Juli 1907: „Ich fand auch Skizzen einer unvollendeten Oper dabei, *Die drei Pinto's*. Diese interessierte mich sehr. [...] und da sagte sie auf einmal, mit einer Art Verlegenheit: ‚Von Gustav Mahler habe ich auch noch Manuskripte.‘ Jetzt wieder Tableau – nun meinerseits. Ich springe auf und sage: ‚Was sagen Sie da – Manuskripte von Mahler?‘ Du begreifst, daß ich ganz paff war. Danach entwickelte sich ein langes Gespräch über Mahler. [...] Am nächsten Tag, kurz nach dem Diner, kam sie mit einem dicken Paket mit Musik, fest eingewickelt. Sie schien sehr nervös. Sie fragte mich: ‚Was wollen Sie zuerst sehen, Sinfonie No. I-II, oder z. B. Das klagende Lied?‘ [...] Sie setzte sich in eine Ecke des Zimmers und sah zu, wie Schillings und ich, sitzend auf dem alten Kanapee von Weber, an Webers Tisch, in dieser herrlichen Handschrift blätterten, Motive sangen usw.“[48]

Wann Familie von Weber von Leipzig wieder nach Dresden übersiedelte, ist nicht bekannt. Nach dem Tod ihres Mannes verwaltete Marion von Weber den Nachlass Carl Maria von Webers und wirkte als kulturelle Netzwerkerin im zeitgenössischen Musikleben Dresdens. Ernst von Schuch, 40 Jahre lang Dirigent und Musikdirektor in Dresden, ging bei ihr ein und aus. Ebenso Richard Strauss, dessen Opern *Salome*, *Elektra* und *Rosenkavalier* unter Schuch an der Semperoper spektakulär uraufgeführt wurden. Marion von Weber starb am 10. April 1931 in Dresden.

Anna Bahr-Mildenburg (1872–1947)

Anna von Mildenburg, 1872 in Wien in die österreichische Offiziersfamilie Bellschan von Mildenburg hineingeboren, wurde schon früh musikalisch ausgebildet. Mit Anfang 20 erhielt sie die Gelegenheit, dem Direktor der Wiener Hofoper Wilhelm Jahn vorzusingen, der sie zur Ausbildung an die Opernschule von Rosa Papier-Paumgartner empfahl. Bereits nach einem Ausbildungsjahr wurden ihr von den Intendanten Staegemann in Leipzig und Pollini in Hamburg Engagements angeboten. Letzteres nahm sie an und schloss – obwohl Anfängerin auf der Opernbühne – ab 1. September 1895 in Hamburg einen Vertrag für drei Jahre ab. „[…] die göttliche Stimme, sowie das außerordentliche Talent des jungen Wesens, von fast überlebensgroßer Erscheinung in Gestalt & dem bedeutenden Kopf, mußten auf Mahler den stärksten Eindruck machen", notierte Natalie Bauer-Lechner. „Mahler nahm ihre ganze musikalische Weiterentwicklung in die Hand; übte und studierte mir ihr auf's Genaueste alle Partien, bis er sie nach & nach auf die Stufe der Meisterschaft hob, die in ihrer genialen Begabung verborgen lag. […] Daß Mahler für ein so reich veranlagtes Wesen eine große Leidenschaft ergriff, ist nicht zu verwundern. Er dachte anfangs selbst lebhaft daran, sie zu heiraten."[49]

Bereits 1887 hatte Bernhard Pollini Interesse an dem erfolgreichen Operndirigenten Gustav Mahler signalisiert, genau wie auch andere Intendanten z. B. in Karlsruhe und Prag. Nach der vorzeitigen Beendigung seines Vertrages in Leipzig im Mai 1888 folgte Mahler jedoch dem kurzfristigen Ruf auf die Stelle des Operndirektors am Ungarischen Königlichen Opernhaus in Budapest. Bald aber zeigte sich, dass er dort in österreichisch-ungarischen Nationalitätskonflikten und den Bestrebungen nach „Magyarisierung"[50] aufgerieben wurde, wieder kam es zu antisemitischen Anfeindungen. Und wieder brach er einen diesmal auf zehn Jahre abgeschlossenen Vertrag vorzeitig ab, um Ende März 1891 die Stelle des 1. Kapellmeisters am Hamburger Stadttheater anzutreten.
Nach dem Tod beider Eltern im Februar (Vater) und September (Mutter) 1889 hatte Mahler als Ältester die Rolle des Familienoberhaupts für seine vier jüngeren Geschwister übernommen. Die beiden Jüngsten, Otto (16) und Emma (14) konnte er bei seinem Freund Fritz Löhr in Wien unterbringen, Alois (22) diente in Brünn beim Militär und Mahlers Lieblingsschwester Justine (20) zog zu ihm nach Budapest und anschließend zusammen mit Schwester Emma nach Hamburg. Schwer traf sie alle der Selbstmord des musikalisch hochbegabten Otto im Februar 1895. Natalie Bauer-Lechner kam häufig in Hamburg zu

Besuch, denn ihre Freundschaft zu Mahler war in der Budapester Zeit wieder aufgelebt und sie war auch befreundet mit Justine. Dennoch fühlte Mahler sich in den ersten Jahren oft einsam in der Hansestadt, Jens Malte Fischer vermutet „eine Art Midlife Crisis“[51]. Vielleicht änderte sich dies, als er bald nach ihrer Ankunft in Hamburg für die 22-jährige Sopranistin Anna Bahr-Mildenburg entflammte. Diese schilderte die erste Begegnung während einer Korrepetitionsstunde zur *Walküre* in ihren Memoiren: „Ein kleiner Mann trat herein in einem grauen Sommeranzug, in der Hand hatte er einen dunklen Filzhut und unter den Arm gepreßt einen schlecht gerollten Regenschirm. [...] Als der Korrepetitor Miene machte, ihn zu begrüßen, schnitt er das kurz ab. ‚Weitergehn‘, sagte er verärgert, wobei er die Tür zuwarf, ohne näher zu kommen.“ Nachdem Mahler eine Weile zugehört hatte und die Sängerin angespornt, aber auch verängstigt durch seine Anwesenheit ihr Bestes gab, „erschreckte mich der Mann an der Tür durch ein heftiges Aufstampfen. Sein Hut flog aufs Klavier, der Schirm ihm nach, der Korrepetitor wurde mit einem ‚Danke, ich brauche Sie nicht mehr‘ vom Stuhle weggetaucht und mit ungeduldigem Drängen seinem Abgang entgegengesehen. [...] Die letzten Reste von Ungeduld fuhren in die ersten Töne, die mein neuer Begleiter anschlug, und mit den Worten: ‚Noch

einmal von Anfang an', trat Gustav Mahler in meine Lebensbahn."[52]
Nicht nur Mahler entflammte für Anna von Mildenburg, auch sie verliebte sich heftig in ihn. Zeugnis davon geben weniger ihre Memoiren als vielmehr die ca. zweihundert erhaltenen Briefe Mahlers an Mildenburg.[53] Nach anfänglicher Leidenschaft folgte von Seiten Mahlers eine starke Abkühlung in der zweiten Jahreshälfte 1896, deren Ursache aus den Briefen nicht nachzuvollziehen ist. Dennoch sorgte Mahler mit Unterstützung von Rosa Papier-Paumgartner und anderen dafür, dass die Sängerin ab Dezember 1897 in Wien angestellt wurde, wo er ab Mai 1897 tätig war. Allerdings versicherte er sich vor Vertragsabschluss schriftlich, dass sie in keiner Weise an das private Verhältnis anknüpfen würde und wechselte in der Ansprache auch wieder zum „Sie". „Daß Mahler mir in den ersten Jahren meiner Bühnenlaufbahn zur Seite war, ist mir für alle Zeit segensvoll geworden, und je mehr ich wuchs, je reifer ich wurde, desto stärker war auch diese Erkenntnis in mir"[54], schrieb Anna Bahr-Mildenburg dazu in ihren Erinnerungen.
Es folgte eine zweite gemeinsame Arbeitsphase bis zu Mahlers Abschied von der Wiener Hofoper im Jahr 1907 mit vielen spektakulären gemeinsamen Erfolgen, insbesondere mit Wagners *Tristan und Isolde*. Zu Anna von Mildenburgs Repertoire zählten schon in

Hamburg neben den großen Wagner-Rollen Brünnhilde, Kundry, Senta, Isolde, Ortrud, Elisabeth und Venus, die sie z. T. schon ab 1897 (auf Empfehlung Mahlers an Cosima Wagner hin) und auch später oftmals in Bayreuth sang, die dramatischen Sopran-Partien in den Opern von Verdi, Weber, Beethoven, Mozart, Gluck und vor allem auch die Klytämnestra in Richard Strauss' *Elektra*. „Fräulein von Mildenburg berechtigt allerdings zu den höchsten Erwartungen. Ihre Stimme ist ein in allen Lagen ausgeglichener Sopran von seltener Schönheit und Kraft; sie ist ungewöhnlich hoch gewachsen, ihr Gesicht jedes Ausdrucks fähig – des heiter kindlichen, und des dämonisch erregten", schrieb Gustav Mahler 1896 an Cosima Wagner. Ende Oktober 1896 fügte er hinzu: „Was ihre Stimme betrifft, so ist dieselbe so groß und ausdauernd, daß sie spielend alle Schwierigkeiten besiegt; und deshalb bietet ihre Jugend kein Hinderniß, sondern ist ganz im Gegentheil ein seltener Vorteil ihrer Individualität."[55]

Neben ihrer herausragenden Stimme wurden später ihre Bühnenpräsenz und ihre darstellerischen Fähigkeiten gelobt, auch dass sie sich nie auf den Gesang allein verließ. Die Ausbildung hierfür verdankte sie nach eigener Aussage in erster Linie Cosima Wagner: „Am liebsten war's mir natürlich, wenn ich für meine Kundry auf der Bühne eine Probe hatte, denn da war

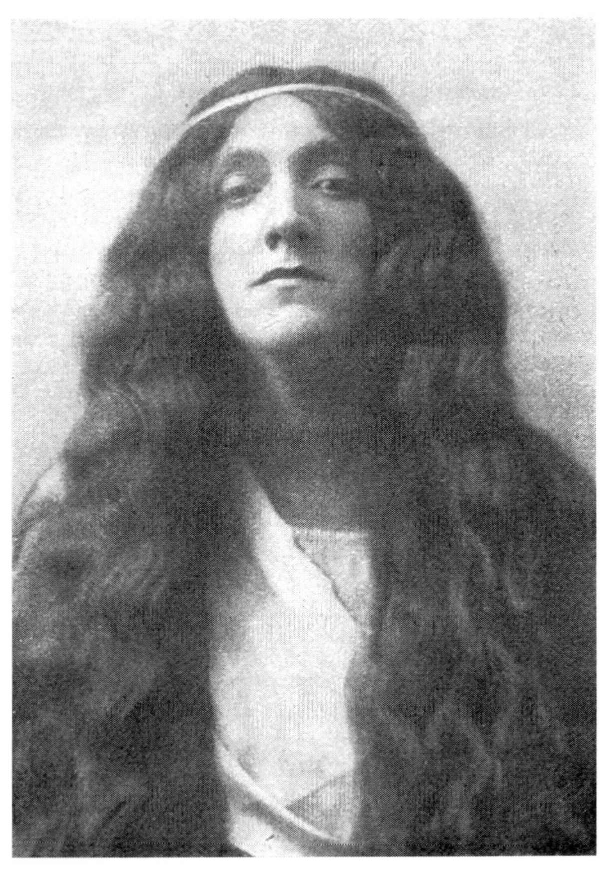

Anna von Mildenburg als „Isolde“ in
Richard Wagners Oper *Lohengrin*, 1903

Frau Cosima dabei und machte solche Stunden zum Ereignis. Was diese große Frau da gab, konnte den Künstler durchs ganze Leben geleiten. Unauslöschlich steht in meiner Erinnerung, wie sie Dichtung und Musik in wechselnder Unterordnung miteinander verband, das Maß der Stimme in das entsprechende Verhältnis dazu zu bringen wußte und dadurch die reinsten Wirkungen auslöste."[56]

Bis 1916 feierte Anna Bahr-Mildenburg – sie heiratete 1909 den Literaten Hermann Bahr – an der Wiener Hofoper große Erfolge und wurde bereits 1901 zur k. u. k. Kammersängerin ernannt. Sie trat regelmäßig bei den Bayreuther Festspielen und bei Gastspielen in London, Amsterdam, Prag und Brüssel auf und nahm erst 1931 Abschied vom Bühnenleben.

Von 1921 bis zu ihrer Pensionierung 1937 hatte Anna Bahr-Mildenburg eine Gesangsprofessur an der Staatlichen Akademie für Tonkunst in München inne und orientierte sich auch in ihrem Unterricht am „Ideal der wahrhaftigen Bühnendarstellung aus dem Geist der Musik heraus"[57], wie sie es bei Mahler und Cosima Wagner gelernt hatte. Ab 1922 wirkte sie auch als Schauspielerin, z. B. in Hofmannsthals *Großem Salzburger Welttheater* unter der Regie von Max Reinhardt, und begann zu schreiben. Neben Reportagen, Zeitungsartikeln und den bereits erwähnten *Erinnerungen* verfasste Anna Bahr-Mildenburg Texte zur

Gesangskunst und Rollengestaltung, übernahm Regiearbeiten im Sprechtheater und in der Oper. Als erste Frau nach Cosima Wagner inszenierte sie Wagners *Ring des Nibelungen*: Bruno Walter erteilte ihr den Auftrag für die Opernfestspiele in München 1921/22. Anhand detaillierter Regiebücher überlieferte sie ihre Auffassungen zur Personenführung in einem für die Musiktheaterregie der damaligen Zeit ungewöhnlichen Dokument.[58] Die bahnbrechenden Erfolge, die sie als Wagner-Sängerin erlebte, stellten sich durch ihre zum Teil als Bayreuther Epigonentum empfundenen Inszenierungen nicht ein. Die Zeit, sich als Frau in einem Beruf wie dem der Regisseurin durchzusetzen, war allerdings auch noch nicht gekommen. In der NS-Zeit waren Anna Bahr-Mildenburg und ihr Mann, Hermann Bahr, u. a. wegen ihrer Freundschaft zu Gustav Mahler Anfeindungen ausgesetzt. Hermann Bahr wurde wegen seines Eintretens für Ernst Toller beschimpft. Als Bahr-Mildenburg sich mit einem offenen Brief zu den Zielen Adolf Hitlers bekannte und dieser ihr eine Audienz gewährte, galt sie für den NS-Staat als rehabilitiert und durfte weiter unterrichten, ab 1942 auch in Wien. Zu ihrem 70. Geburtstag im November 1942 wurde sie mit der *Großdeutschen Goethe-Medaille für Kunst und Wissenschaft* geehrt. Sie starb am 27. Januar 1947 in Wien.

Selma Kurz (1874–1933)

Das prächtige Opernhaus an der Wiener Ringstraße, 1869 in Anwesenheit von Kaiser Franz Joseph und Kaiserin Elisabeth eröffnet, galt um die Jahrhundertwende als das bedeutendste der Welt. Gustav Mahler, der sich in Hamburg hatte katholisch taufen lassen, um die letzte Hürde für eine Kapellmeisterstelle in Wien auszuräumen, löste wenige Monate nach seiner Ankunft Operndirektor Wilhelm Jahn ab und war damit an der Spitze seiner beruflichen Möglichkeiten in Europa angekommen. Am Wiener Opernhaus fand er die Sängerinnen und Sänger, das Orchester und die Klangräume, mit denen er seine künstlerischen Vorstellungen und Reformgedanken optimal umsetzen konnte. Nur im Privatleben war er weiterhin auf der Suche nach dem Glück.

Wieder fiel seine Wahl auf ein Ensemblemitglied, die 23-jährige Koloratursopranistin Selma Kurz, die ihm im Mai 1898 vorsang. Nicht nur ihre herausragende Gesangskunst, sondern auch ihre stets als „bezaubernd“ beschriebene Erscheinung, ihre „Anmuth“ und ihr „voller Reiz der Jugend“[59] nahmen ihn sofort für sie ein.

Selma Kurz wurde am 15. Oktober 1874 in Biała in der Kulturregion Galizien – heute Südpolen – als eines von vier Kindern des jüdischen Schirmmachers

Wilhelm Kurz und seiner Frau Ernestine geboren. Nach dem Besuch der Klosterschule begann sie eine Schneiderlehre. Dann entdeckte Ignatz Goldmann, Oberkantor der israelitischen Kultusgemeinde in Bielitz, ihre Stimme bei der Suche nach geeigneten Sängerinnen für den Synagogenchor und begann sie zu unterrichten. Um ihr ein Studium bei dem renommierten Bariton Johannes Ress (1839–1816) am Konservatorium der Gesellschaft der Musikfreunde in Wien zu ermöglichen, gewann er Fürst Nikolaus III. Esterházy als Sponsor.

Schon 1895 hörte der Hamburger Impresario Pollini Selma Kurz bei einem Schülerinnenkonzert in Wien und wollte sie direkt für die Hansestadt engagieren. Auf Rat ihrer Lehrerinnen und Lehrer debütierte Selma Kurz jedoch 1896 an der Frankfurter Oper als Elisabeth in Wagners *Tannhäuser* und als Carmen (Bizet) und setzte ihre Gesangsausbildung am Hoch'schen Konservatorium bei Professor Marie Schröder-Hanfstängl fort, einer Schülerin von Pauline Viardot-Garcia. Den Unterricht konnte sie nur zur Hälfte von ihrem Gehalt bezahlen, da sie neben den Kosten für ihre Theaterkostüme auch ihre Familie in Bielitz unterstützten musste. Doch wie auch zuvor schon fand die Sängerin bald Unterstützung durch Kunstliebhaberinnen aus begüterten Familien wie z. B. den Rothschilds oder Baums.

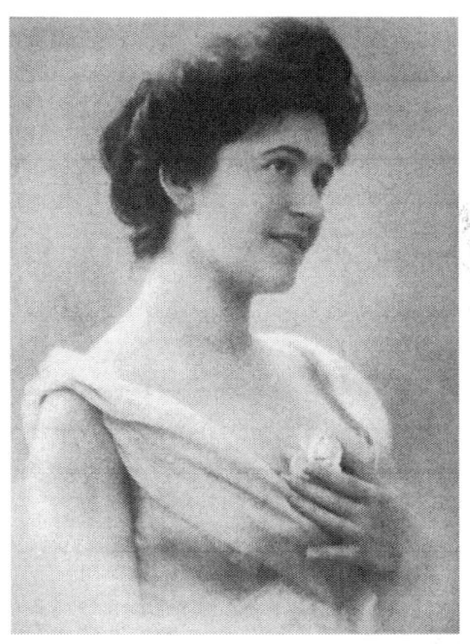

Selma Kurz, um 1900

Am 3. September 1899 debütierte sie mit grandiosem Erfolg als Mignon in der gleichnamigen Oper von Ambroise Thomas an der Wiener Hofoper. Sie hatte die Rolle bei Marie Schröder-Hanfstängl gründlich studiert, bei der sie auch die brillante Höhe entwickelt hatte. Ihre glänzenden Stimmmittel lagen anfangs in der Mezzo-Lage, wofür sich nur schwer ein angemessenes Repertoire für ihre Kunstfertigkeit finden ließ. Die Hochlagerung der Stimme hingegen ermöglichte den Einstieg in das große Sopran- und Koloratur-Repertoire, mit dem Selma Kurz bald in

Wien glänzte. Vor allem für ihre einzigartig langen Triller wurde sie berühmt – nach eigener Aussage soll Gustav Mahler sie bestärkt haben, diese Fähigkeit auszubilden, die u. a. auf einer hervorragenden Atemtechnik beruhte: „Während ich den an einer Stelle vorgeschriebenen kurzen Triller auf der Probe versuchte, packte mich Mahler hefig am Arm: ‚Trillern Sie weiter! So lang sie können!' So bin ich mir durch ihn dieser Fähigkeit bewusst geworden."[60]
Schon bald veränderte sich der Stil der kurzen Briefe, die der Hofoperndirektor an die Sängerin schrieb. Mahler wählte Kurz aus, um fünf orchestrierte Lieder aus dem Zyklus *Lieder eines fahrenden Gesellen* und drei *Wunderhornlieder* im Rahmen eines Philharmonischen Konzerts in Wien erstaufzuführen. „Er schickte ihr eine Abschrift dieser Gesänge ohne Namensnennung darauf, um zu sehen welchen Eindruck sie davon empfing; & als sie ihr außerordentlich gefielen, gab er sich als Urheber zu erkennen, & erbat ihre Konzert-Mitwirkung", notiert Bauer-Lechner. „Bei dem Studium & den Proben dazu – die Kurz sang unter Gustavs eingehendster Anleitung & Führung, die Lieder wunderbar – aber war es um ihn vollends geschehen; & diesmal verlor er sich an die ihm willig Entgegenkommende."[61] Zufällig trafen sich beide über Ostern 1900 in Venedig, wohin Selma Kurz während der Theaterferien mit ihrer Förderin Hermine

Baum und Mahler mit seiner Schwester Justine und Natalie Bauer-Lechner gereist war. Dort muss, den anschließend gewechselten Briefen zufolge, eine kurze und intensive Liebesbeziehung begonnen haben, die durch Selma Kurz aber bereits im Mai 1900 beendet wurde. Wie auch die vorangegangen Beziehungen Mahlers zu Kolleginnen vom selben Theater war auch diese unerlaubt und durch Mahlers leitende Position ganz besonders fehl am Platz. In jedem Fall war ihr keine Zukunft beschieden, denn eine Heirat hätte womöglich das Ende von Selma Kurz' Theaterkarriere bedeutet. Alle weitere Korrespondenz von Seiten Mahlers ist freundlich, bleibt aber kühl und sachlich – Selma Kurz' Gegenbriefe sind nicht erhalten.
Nachdem ihre zweite Spielzeit (1900/1901) mit gelungenen Repertoireaufführungen und einem ersten Einstieg in das Koloraturfach begonnen hatte, führte eine Krise, deren Ursache heute nicht mehr zu rekonstruieren ist, dazu, dass Selma Kurz am 10. Dezember 1900 ihr Entlassungsgesuch einreichte. Die Direktion der Hofoper lehnte eine Vertragsauflösung ab, trotzdem trat die Sängerin in den ersten Monaten des Jahres 1901 nicht auf. In Absprache mit Mahler nahm sie stattdessen einen längeren Urlaub, den sie in Paris verbrachte, wo sie mit Jean de Reszke ihre Koloraturtechniken verfeinerte und die Oper *Lakmé* von Léo Délibes erarbeitete. Erst am 29. April 1901 stand sie

in Wien wieder auf der Bühne und erzielte mit der Rolle der Astaroth in *Die Königin von Saba* von Carl Goldmark – mit Mahler am Pult – einen glänzenden Erfolg. Franz Willnauer nennt es die „Entdeckung der Koloratursängerin Selma Kurz."[62] Ein halbes Jahr später, am 3. November 1901, sang sie zum ersten Mal die Rolle der Königin der Nacht in Mozarts *Zauberflöte*, womit ihr Eintritt in das Koloraturfach endgültig besiegelt wurde.

In den folgenden drei Jahren konnte sie ihre Gage verdreifachen und ab 1903 gehörte sie mit einem Sechsjahresvertrag und Gesamteinkommen in Höhe von 32.000 bis 44.000 Kronen zu den bestbezahlten Solistinnen der Hofoper. Nachdem sie im Herbst 1903 zur Kammersängerin ernannt und damit für hoffähig erklärt wurde, intensivierte sie ihre Verhandlungen mit dem Londoner Covent Garden Operahouse über ein mehrwöchentliches Gastengagement mit Enrico Caruso als Partner, wofür sie von Mahler bereits eine Urlaubsgenehmigung erwirkt hatte. Wiederholten Auseinandersetzungen und „Krisen" zum Trotz blieb Selma Kurz neben zahlreichen internationalen Gastspielen und Erfolgen bis zu ihrer Pensionierung 1927 der Wiener Oper treu. Ihre Gagen und Verträge dort wurden immer großzügiger, um Schritt zu halten mit ihrer Karriere und ihre Gastspiele in ganz Europa zu ermöglichen. Selma Kurz sang neben Konzerten und

Liederabenden insgesamt fast 1000 Opernaufführungen mit einem Spektrum von 72 Rollen in 56 verschiedenen Opern, das von Mozart (Fiordiligi in *Così fan tutte*) über Verdi (Gilda in *Rigoletto*), Delibes Lakmé in *Lakmé* und Astaroth in Karl Goldmarks *Königin von Saba* bis hin zu den Hauptrollen in Wagners und Puccinis Opern reichte. Sie prägte zahlreiche Rollen in Wiener Erstaufführungen (wie z.B. Mimi in *La Bohème* und Cho-Cho San in *Madame Butterfly* von Puccini) und Uraufführungen (vor allem Zerbinetta in der zweiten Fassung von Strauss' *Ariadne auf Naxos* oder Laura in *Der Ring des Polykratus* von Korngold). Lehár, Korngold und Massenet widmeten ihr Werke. Sie sang als Partnerin von Leo Slezak, Enrico Caruso, Lotte Lehmann, Fjodor Schaljapin, Richard Tauber und Heinrich Schlusnus und unter Dirigenten wie Gustav Mahler, Bruno Walter und Arthur Nikisch u. a. Ab 1909 galt sie als „höchstbezahlte Sängerin ihrer Zeit“[63] und verdiente mit einer Aufführung so viel wie ihr zukünftiger Gatte als Arzt und Professor in einem ganzen Jahr.

Am 4. Dezember 1910 heiratete Selma Kurz mit 36 Jahren den aus einer Krakauer Professorenfamilie stammenden Wiener Gynäkologen und Primararzt (Abteilungsvorstand) im k. u. k. Krankenhaus Wieden, Prof. Dr. Josef Halban, mit dem sie bereits seit 1905 befreundet war. Vorsorglich wurde ein

Ehevertrag abgeschlossen, in dem neben der Gütertrennung vereinbart wurde, dass der künftige Gatte mit der Berufstätigkeit – Reisetätigkeit eingeschlossen – seiner Frau einverstanden war. Die katholische Trauung fand im April 1911 statt, den katholischen Glauben nahm Selma Kurz jedoch erst kurz vor ihrem Tod an, um einst neben ihrem Gatten begraben zu sein.[64] Am 10. April 1912 wurde Tochter Désirée geboren – die ebenfalls Sängerin wurde – und am 14. Juli 1915 Sohn Georg. Die k. u. k. Hofoper musste nur jeweils wenige Monate vor und nach den Geburten auf die Kammersängerin verzichten, die auch weiterhin unverändert ihren Verpflichtungen auf der Bühne nachkam, sowie Tourneen und Gastspielreisen absolvierte.

Ab 1900 wirkte Selma Kurz als eine der ersten Sängerinnen überhaupt bei Schallplattenaufnahmen mit. 1909 schloss sie einen Plattenvertrag mit der Deutschen Grammophon Gesellschaft Berlin ab und produzierte zwischen 1912 und 1914 jeweils sieben Schallplatten pro Jahr. Weitere Aufnahmen entstanden bis 1926, insgesamt 200 Einspielungen mit ihr sind erhalten. Auch bei einem Film wirkte sie mit, dem 1913 uraufgeführten Opernfilm *Johann Strauss an der schönen blauen Donau* unter Regie von Carl von Zeska.

Während des Ersten Weltkrieges sang Kurz wie die meisten ihrer Kolleginnen und Kollegen nicht nur in der Hofoper, sondern auch an zahlreichen Wohltätigkeitskonzerten und bei Liederabenden mit. Allein ihre wegen Eheschließung und Geburten verschobenen Pläne für ein Engagement an der Metropolitan Opera in New York sollten nie realisiert werden. Eine Vorstellung im vollbesetzten Hippodrome-Theatre in New York im Januar 1921 wurde zwar umjubelt, Sema Kurz selbst aber war von ihrer musikalischen Leistung nicht überzeugt. Der richtige Zeitpunkt für eine Karriere in Amerika war verpasst und zurück in Wien sagte sie dort vereinbarte zukünftige Verpflichtungen ab. Ihre Gesundheit machte ihr besonders auf Reisen zunehmend zu schaffen. Nachdem sie 1926 als erste Frau das *Goldene Ehrenabzeichen der Republik Österreich* erhalten hatte – was die ehemalige Hofopernsängerin zur Sängerin der Republik erklärte – trat sie am 12. Februar 1927 zum letzten Mal in der (seit November 1918 nach Zusammenbruch der Monarchie so genannten) Wiener Staatsoper auf. Im März 1928 gab sie ihr letztes Konzert in Wien, ein Jahr später folgte ihr offizieller Abschied von der Bühne. Die Oper ehrte sie im Mai 1929 mit der Ehrenmitgliedschaft. Im Sommer desselben Jahres musste sie sich einer Krebsoperation unterziehen, am 10. Mai 1933 erlag sie der Erkrankung.

Alma Mahler-Werfel (1879–1964)

Schon als Kind träumte Alma Schindler davon, reich genug zu sein, „um schöpferischen Menschen die Wege zu ebnen. Ich wollte in Italien einen großen Garten haben mit vielen weißen Ateliers darin, und ich wollte die bedeutendsten Menschen einladen, dort ohne Alltagssorgen nur ihrer Kunst zu leben – und ich wollte mich niemals zeigen."[65] Wenn man das Leben der 1879 in Wien geborenen Tochter des österreichischen Landschaftsmalers Emil Jakob Schindler und der aus Hamburg stammenden Sängerin Anna Sofie geb. Bergen unter diesem Blickwinkel betrachtet, verblasst das Bild der Männer wie Trophäen oder Genies wie „Schmetterlinge"[66] um sich sammelnden Femme fatale, als die sie bis heute oft dargestellt wird. Selten wird eine intellektuelle Frau so widersprüchlich wahrgenommen und beschrieben.

Alma Schindlers Leben, das so viele tragische Momente aufweist, begann nach eigener Aussage mit dem Tragischsten, das sich die Dreizehnjährige hatte vorstellten können, als ihr geliebter Vater 1892 in Westerland auf Sylt bei einem Familienurlaub an einer Blindarmentzündung starb. Er war der Leitstern ihres jungen Lebens, den „Blick seiner verstehenden Augen"[67] einzufangen, war ihr größter Antrieb. So machte die bald zu einer Schönheit heranreifende junge

Frau sich auf die Suche, neue „Helfer meiner Jugend in älteren wissenden Männern unseres Künstlerkreises“ zu finden.[68] Ihr eigenes künstlerisches Potential, wusste sie – obwohl vielseitig begabt – nicht zu profilieren: „Wenn ich doch nur irgend etwas wäre – ein ganzer Mensch, der etwas leistet und etwas zu leisten im Stande ist. Aber nichts, nichts wie ein kleines indifferentes, ganz hübsches Mädel, das seine Finger ganz nett am Clavier auf und ab tanzen lässt“, schreibt sie mit 18 Jahren in ihr Tagebuch. „Ich möchte eine große That thun. Möchte eine wirklich *gute* Oper componieren, was bei Frauen wohl noch nie der Fall war. Ja, das möchte ich. Mit einem Wort, ich möchte etwas sein und werden, und das ist unmöglich … & Warum? Mir fehlte die Begabung nicht, mir – fehlt nur der Ernst, der immer nothwendig ist, bei jedem Streben, bei jeder Kunst.“[69] Dennoch entwickelte sie genug Hingabe und Fleiß, um eine ausgezeichnete Pianistin zu werden, und nahm Kompositionsunterricht bei Josef Labor, später bei Alexander von Zemlinsky. Die bildende Kunst interessierte sie ebenso wie Literatur. Neben ihren drei Ehemännern verband sie mit Gustav Klimt eine von den Eltern unterbundene leidenschaftliche Beziehung, auch mit Hofoperndirektor Max Burckhard und ihrem Kompositionslehrer Zemlinsky. Nach Gustav Mahlers Tod war sie mit Oskar Kokoschka liiert und später mit Arnold Schönberg, mit Alban und Helene Berg, Hans Pfitzner, Franz Schreker, Otto Klemperer, Bruno Walter, Gerhard Hauptmann und Auguste Rodin befreundet, um nur die Bekanntesten zu nennen. Von Jugend an zog sie die Männer, die sie ausbildeten und förderten, erotisch stark an – was sie erwiderte, aber oft nicht auf Dauer: „Er gefiel mir als Mann nicht, und seine große Verliebtheit löste Widerwillen in mir aus", schrieb sie über den 25 Jahre älteren Burckhard, als er sie umwarb. Auch über Zemlinsky äußert sie sich abfällig: „Ein scheußlicher Gnom. Klein, kinnlos, zahnlos, immer nach Kaffeehaus riechend, ungewaschen … und doch durch seine geistige Schärfe und Stärke ungeheuer faszinierend."[70]

Anders ging es ihr schließlich mit dem ebenfalls knapp 20 Jahre älteren Hofoperndirektor Gustav Mahler, den sie schon lange von weitem verehrt hatte und am 7. November 1901 im Salon der Schriftstellerin und Journalistin Berta Zuckerkandl persönlich kennenlernte. Wenige Wochen später war das Paar verlobt und am 9. März 1902 trotz vieler Ambivalenzen verheiratet. Damit war das eigene kreative Künstlerinnenleben für Alma Mahler vorbei, denn Mahler hatte schon vor der Eheschließung brieflich klargemacht, dass er von ihr als Gattin die Unterordnung unter sein Leben wünschte und ein „componierendes Ehepaar" lächerlich fand.[71] Die 23-Jährige war zuerst entsetzt, aber dann „kams auf einmal über mich. Wie wärs, wenn ich *ihm zu Liebe verzichten würde?* Auf das, was gewesen! Muss ich mir doch gestehen, dass mich kaum eine Musik jetzt interessiert, als die seine. Ja – er hat recht. Ich muss ihm *ganz* leben, damit er glücklich wird."[72]

Über den Verlauf dieser Ehe, die nach knapp zehn Jahren mit Gustav Mahlers Tod am 18. Mai 1911 endete, ist viel und vielfältig geschrieben worden. Alma Mahler heiratete noch zwei weitere Male: 1915 den Architekten und Bauhausgründer Walter Gropius und 1929 den Schriftsteller Franz Werfel, mit dem sie 1938 in die USA floh, da er Jude war. Neben den Töchtern Maria Anna (1902–1907) und Anna Justine (1904–1988), die sie mit Gustav Mahler hatte, bekam sie mit Walter Gropius die Tochter Manon (1916–1935) und (vermutlich) mit Franz Werfel den Sohn Johannes (1918–1919). Drei Kinder musste sie zu Lebzeiten begraben. Franz Werfel starb 1945 im Exil in Los Angeles.

Als Witwe bewahrte, verteidigte und rettete sie den Nachlass Gustav Mahlers, schrieb ihre Erinnerungen an ihn auf und gab seine Briefe heraus,[73] ihr Bild von ihm formend und die Quellen auch zensierend. Ihr eigenes Leben stellte sie in ihrer Autobiografie *Mein Leben*[74] dar, zudem sind für die Jahre 1898 bis 1902 ihre Tagebücher erhalten, 1997 durch Antony Beaumont und Susanne Rode-Breymann veröffentlicht.[75] Weitere Tagebuchmanuskripte wurden von Oliver Hilmes gesichtet und in seiner Biografie *Witwe im Wahn* verarbeitet.[76] Nach ihrem Tod wurden ihre Briefwechsel mit Alban und Helene Berg, Arnold Schönberg und Friedrich Torberg herausgegeben – autobiografische Dokumente in Hülle und Fülle. Für die öffentliche Darstellung Alma Mahler-Werfels in der Mahler-Biografie zählten lange allein die Äußerungen von Zeitgenossen wie Theodor W. Adorno, Richard Strauss, Elias Canetti oder Claire Goll und sorgten für ein stark abwertendes Bild: „Richard Strauss nannte sie ein ‚liederliches Weib', Theodor W. Adorno soll sie gesprächsweise immer als das ‚Monstrum' bezeichnet haben. [...] ‚Eine ziemlich grosse, allseits überquellende Frau, mit einem süsslichen Lächeln ausgestattet und hellen, weit offenen glasigen Augen' – das ist der erste Eindruck Canettis."[77] Für ihre negative Bewertung verantwortlich waren auch ihre Nähe zum Austrofaschismus Kurt von Schuschniggs und ihre antisemitischen Äußerungen, die sich durch ihre Tagebucheinträge und Briefe ziehen.

Erst Susanne Rode-Breymanns 2014 erschienene Biografie *Alma Mahler-Werfel. Muse – Gattin – Witwe* würdigt ihr Lebenswerk in ihren Kontexten als Komponistin, Lebensgefährtin von Künstlern, Gattin und

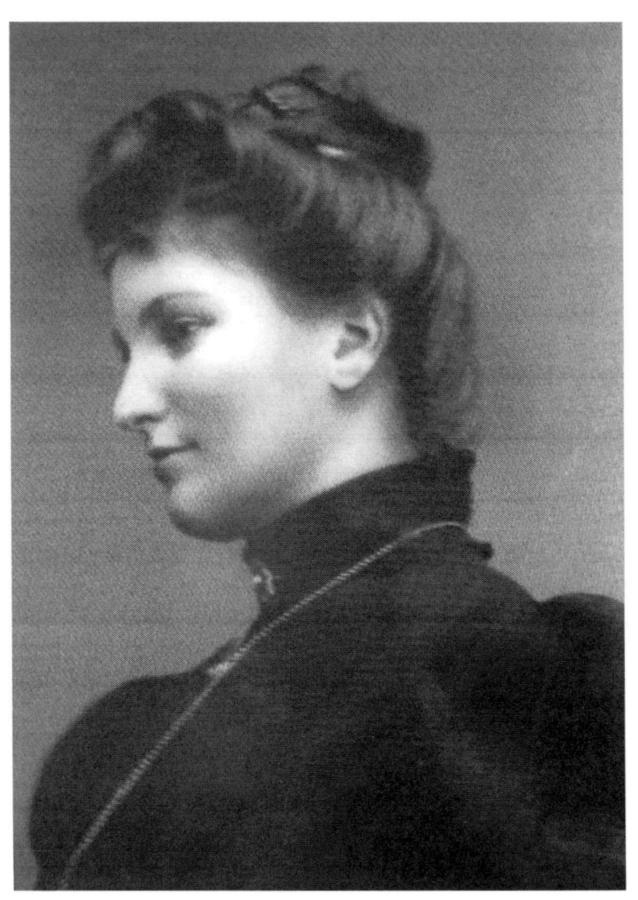

Alma Mahler

Mutter, Nachlasswalterin und Autorin fern von abgedroschenen Geschlechterbildern.
Ein Jahr vor seinem Tod – Alma Mahler hatte ihn mit ihrer Affäre mit Walter Gropius aus seiner selbstsicheren patriarchalen Position gedrängt – besann sich Gustav Mahler darauf, dass seine Frau als Musikerin und Komponistin schon einiges geleistet hatte, ehe er sich ihr Komponieren in der Ehe verbat. Er betrachtete zum ersten Mal ihre Lied-Kompositionen, befand sie für außerordentlich und sorgte für die Veröffentlichung einer Auswahl. Für Alma Mahler kam diese Förderung zu spät, sie musizierte zwar immer noch, aber sie sah sich nicht mehr als Komponistin. Immerhin hinterließ sie nach ihrem Tod 1964 in New York ein ansehnliches Werkverzeichnis publizierter Lieder[78] und eine lange Reihe von Liedmanuskripten, musikdramatischen Entwürfen, Klavier- und Kammermusikkompositionen, die als verschollen gelten.

Anna Mahler (1904–1988)

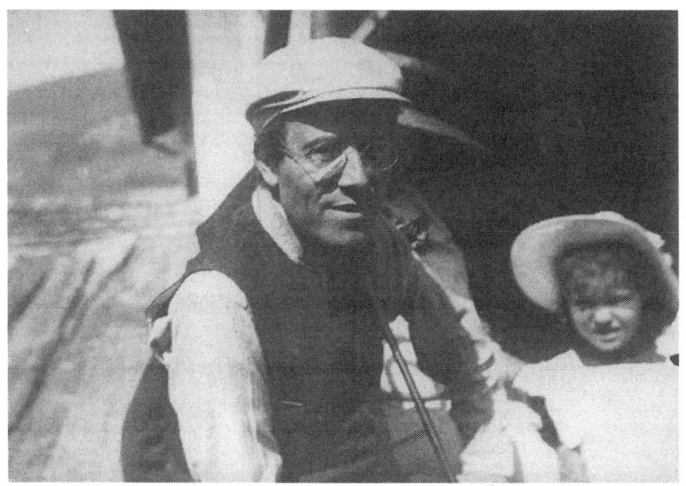

Anna Mahler mit ihrem Vater, 1909 in Toblach

Anna Justine Mahler, die zweite Tochter von Alma und Gustav Mahler, war beim Tod ihres Vaters im Mai 1911 knapp sieben Jahre alt. Sowohl in der Villa ihrer Großeltern Moll auf der Hohen Warte am Stadtrand von Wien als auch bei ihrer Mutter war sie umgeben von vielversprechenden oder bekannten Malerinnen, Musikern, Theaterleuten und Literaten, so „dass für sie etwas anderes als eine Künstlerexistenz gar nicht denkbar war“[79]. Von ihrer Mutter lernte sie früh das

Klavierspiel, später auch Geige und Cello. Mit sieben Jahren konnte sie Noten lesen und vom Blatt singen und musizierte auch vor Gästen gemeinsam mit ihrer Mutter, wie es zum Beispiel Alban Berg seiner Frau Helene nach einem Besuch in den Jahren des Ersten Weltkriegs schilderte: „So gegen ca. 8 Uhr wollte ich fort, aber Du weißt ja, wie das ist, ich mußte bleiben. Zuerst war das Gespräch ziemlich stockend, Gucki (d. i. Anna Mahler) am Harmonium, Almschi am Klavier, es wurde Wolf (Almschis neuste Akquisition) ausgegraben (Geistliche Lieder)".[80]

Eine öffentliche Schule besuchte Anna Mahler nur in den Jahren 1911 bis 1915, anschließend wurde sie zu Hause unterrichtet. Im Alter von fünfzehn Jahren begann sie, Klavierauszüge von den Sinfonien ihres Vaters und Arrangements anzufertigen. 1919 war sie am Klavier so weit fortgeschritten, dass sie Unterricht durch Richard Robert erhielt, der u. a. auch George Szell und Rudolf Serkin unterrichtete. Was sie über Musik und Klavierspielen wusste, verdankte sie zumeist seinem Unterricht, schrieb sie 1978 an einen Freund.[81] Im selben Brief betonte sie, dass sie die Musik trotz eines enormen Interesses nie als ihre Berufung betrachtet habe.

Stattdessen ließ sie sich, angeregt durch die Malerin Broncia Koller, im Malen und Zeichnen ausbilden und ging 1922 nach Berlin, um an der Akademischen

Hochschule für Künste bei Carl Hofer zu studieren. Auf einem Faschingsball lernte sie den 21-jährigen Kompositionsstudenten Ernst Krenek kennen. Nachdem die beiden ein Paar geworden waren, widmete er ihr seine 2. Sinfonie, die er im Sommer 1922 fertigstellte. Sie verkehrten mit Musikern wie der Geigerin Alma Moodie, den Komponisten Artur Schnabel und Franz Schreker, dessen Schüler Krenek war, und musizierten gemeinsam. Anna Mahler studierte weiterhin an der Kunstakademie, verfasste aber auch Klavierauszüge zu drei Sinfonien Kreneks, seinem Violinkonzert, einem Klavierkonzert und seinen Opern *Sprung über den Schatten* und *Orpheus und Eurydice*.[82] Außerdem fertigte sie Abschriften seiner (Klavier-)Lieder op. 15 Nr. 2 *Allelujah* und Nr. 4 *Langsam kommen* an. Beide entstanden auf Gedichte von Franz Werfel 1922 in Alma Mahlers Haus am Semmering, wo Anna und Ernst Krenek einige Wochen zusammen verbrachten. Im April und Mai 1924 komponierte Krenek seine Lieder op. 30. Zehn von ihnen schrieb Anna Mahler ebenfalls ab, zum Teil in verschiedenen Fassungen.[83] Ihr Vorschlag, Klavierauszüge von den Symphonien ihres Vaters anzufertigen, wurde von Universal-Verleger Emil Hertzka nicht aufgenommen und von ihr selbst nicht umgesetzt. Gregory Hunworth schätzt jedoch ihre musikalische Begabung für weit größer ein als die künstlerisch-bildende und bescheinigt ihren

Klavierauszügen eine hohe Komplexität bei leichter Spielbarkeit.[84]
Wie ihre erste kurze Ehe mit dem Kapellmeister Rupert Koller zerbrach auch die Beziehung zu Krenek nach kurzer Zeit. Anna Mahler (nun Krenek) ging nach Rom, um dort bei Giorgio de Chirico zu studieren und sich ganz der bildenden Kunst zu widmen.

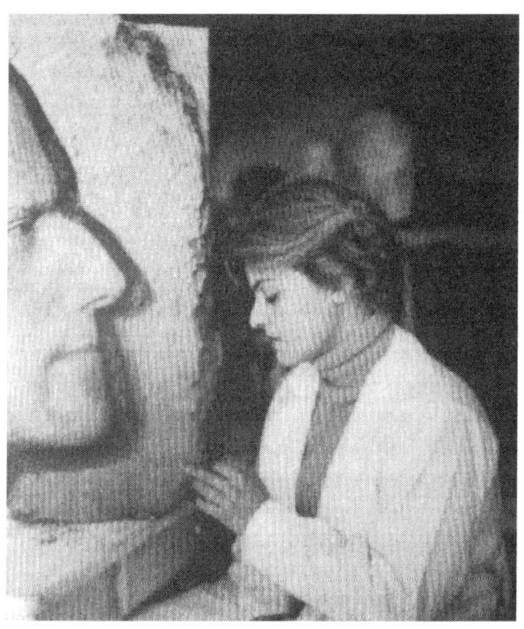

Anna Mahler mit der Büste ihres Vaters, Anfang der 1930er Jahre

1929, drei Jahre nach der Scheidung von Krenek, heiratete sie den jüdischen Verleger Paul Zsolnay, von dem sie im August 1929 die Tochter Alma bekam. Auch diese Ehe war nicht glücklich und sie entfloh ihr 1934, die Tochter beim Vater zurücklassend. Schon im Gartenhaus des Kaunitz-Schlößls der Familie Zsolnay hatte sie sich ein Atelier eingerichtet und begonnen, konstant bildhauerisch zu arbeiten. Nach der Trennung bezog sie ein Atelier im Zentrum Wiens und erlebte erste Anerkennung und Erfolge, u. a. wurde 1937 ihre Skulptur *Die Stehende* vor dem österreichischen Pavillon in der Pariser Weltausstellung gezeigt.

Nach dem „Anschluss" Österreichs floh Anna Mahler nach London, wo sie bis 1950 im Exil lebte. 1943 heiratete sie dort den russisch-jüdischen Dirigenten Anatole Fistoulari, mit dem sie 1943 die Tochter Marina bekam. Sie unterstützte ihn bei der Einstudierung von Mahler-Sinfonien und als Korrepetitorin. Als auch diese Beziehung wieder zerbrach, zog sie 1950 zu ihrer inzwischen verwitweten Mutter nach Los Angeles, wo sie eine vierte Ehe mit dem deutschen Literaturwissenschaftler und Drehbuchautor Albrecht Joseph einging. Nach dem Tod der Mutter lebte sie als viel beachtete Bildhauerin und wichtige Anlaufstelle für Mahlerforschende abwechselnd in London und Italien und starb 1988 London.

Alma Rosé (1906–1944)

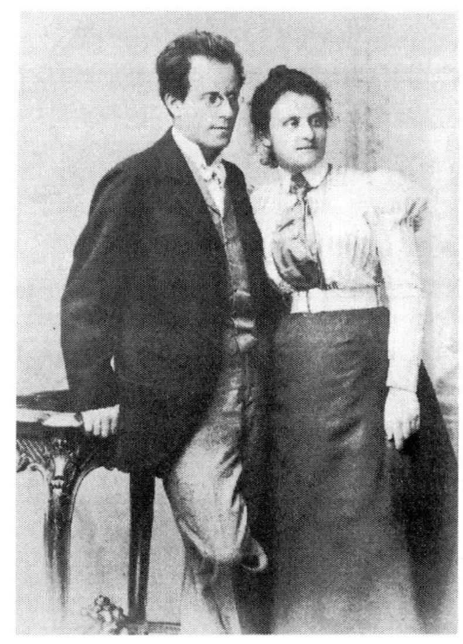

Gustav Mahler und Justine Mahler, 1899 in Wien

Krieg und Verfolgung nicht überlebt hat aus dem engsten Umfeld Gustav Mahlers die Geigerin Alma Rosé, Tochter seiner Lieblingsschwester Justine.
Justine hatte 1902, einen Tag nach der Heirat Mahlers mit Alma Schindler, den Geiger Arnold Rosé (1863–1946) geheiratet, Konzertmeister der Wiener Philharmoniker und seit Mahlers Amtsantritt in Wien

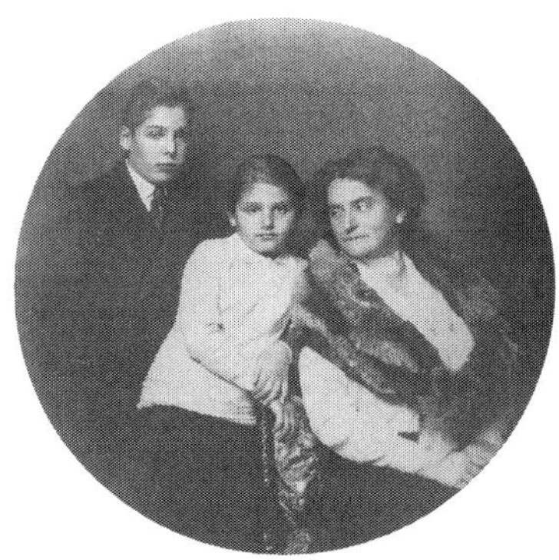

Justine Rosé geb. Mahler mit ihren Kindern Alfred und Alma, 1915

eng mit ihm befreundet. Noch im selben Jahr wurde ihr Sohn Alfred geboren, zwei Jahre später die Tochter Alma Maria, für die Alma Mahler die Patenschaft übernahm.
Alma Rosé erlernte ab ihrem sechsten Lebensjahr bei ihrem Vater das Geigenspiel und studierte ab 1921 an der Wiener Musikakademie bei Otokar Ševčík. Im Dezember 1926 debütierte sie mit Tschaikowskis Violinkonzert, Beethovens Violinromanze F-Dur und – zusammen mit ihrem Vater – dem Doppelkonzert d-Moll von J. S. Bach im Großen Musikvereinssaal, begleitet von Mitgliedern des Wiener Staatsopernorchesters. Die Rezensionen waren positiv, aber verhalten und blieben es auch, solange die Geigerin mit ihrem Vater oder später mit ihrem Ehemann auftrat, dem tschechischen Geiger Váša Příhoda (1900–1960). Erst als sie nach der Trennung von ihrem Mann 1932 die Damenkapelle „Wiener Walzermädeln" gründete, eroberte sie sich ein eigenes Publikum. Sie leitete das Orchester von der Erste Geige aus und forderte

ihren Musikerinnen äußerste Perfektion ab. Die sorgfältig ausgewählten und ausgebildeten neun bis fünfzehn Instrumentalistinnen und Sängerinnen, die die anspruchsvollen Programme auswendig und mit einer ausgefeilten Choreografie aufführten, waren von Anfang an erfolgreich, ein „Feuerwerk Altwiener Esprits“[85] wurde ihnen beim Debüt Anfang 1933 bescheinigt. Die Kapelle trat nicht nur in Wiener Caféhäusern und Tanzlokalen auf, sondern bereiste ganz Europa, bis das Auftrittsverbot der Nationalsozialisten für jüdische Künstler und Künstlerinnen die erfolgreiche Zusammenarbeit beendete. 1938 wurden die „Wiener Walzermädeln“ von der Reichskulturkammer aufgelöst.

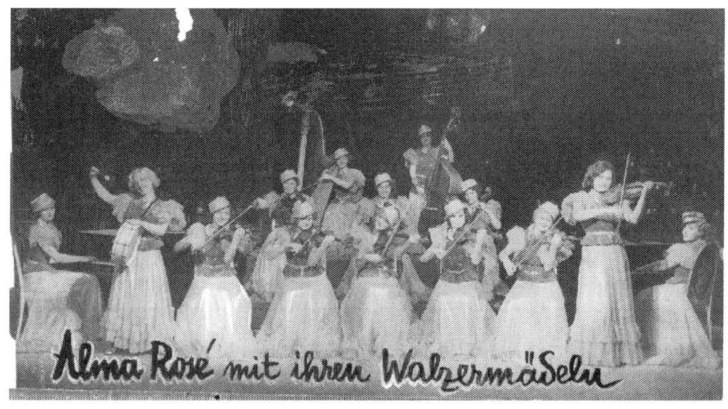

Alma Rosé und die „Walzermädeln“

Während Arnold und Justine Rosés Sohn Alfred 1938 in die USA bzw. nach Kanada fliehen konnte – wo er später als Musikprofessor wirkte und ein umfangreiches Archiv, die „Collection Mahler-Rosé" anlegte – floh Alma Rosé im März 1939 mit ihrem bei den Wiener Philharmonikern zwangspensionierten Vater nach London.

Als Asylsuchende waren sie dort mittellos, darum nahm Alma Rosé im November 1939 Engagements in den Niederlanden an. Wegen weiterer Auftrittsmöglichkeiten ließ sie im Mai 1940 das Rückreisevisum ins sichere England verfallen. Nach dem Einmarsch der Nationalsozialisten in die Niederlande wurden ihr jedoch auch hier erst die öffentlichen Auftritte, dann das Reisen und schließlich jegliche Bewegung in der Öffentlichkeit verboten. Drei Jahre lang musizierte sie anspruchsvolle Kammermusikprogramme in Hauskonzerten, für die sie sowohl vom Publikum als auch von ihren Mitspielern äußerst geschätzt wurde: „Sie war so eine Besonderheit [...] es war so eine Freude, mit ihr zu spielen. Sie schob sich nicht in den Vordergrund, drängte ihre musikalischen Partner nicht zur Seite. Sie war keine Angeberin", erinnerte sich vierzig Jahre später der Komponist und Pianist Géza Frid.[86] Ihre niederländischen Freunde arrangierten 1942 eine Scheinehe mit einem „arischen" Ehemann für sie, die sie jedoch vor den sich immer enger

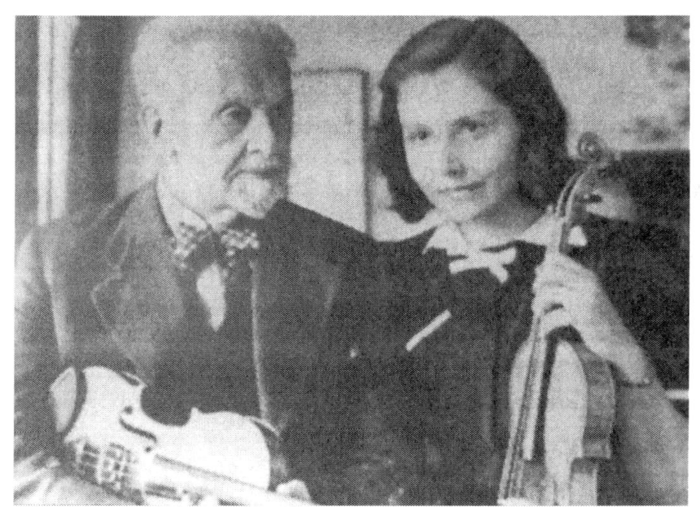

Arnold und Alma Rosé in London

ziehenden Netzen der nationalsozialistischen Verfolgung nicht schützen konnte. Als sie sich im Dezember 1942 im Durchgangslager Westerbork melden sollte, floh sie in die Schweiz und von dort aus nach Frankreich, wo sie in der Nähe von Dijon verhaftet und im Gefangenenlager Drancy nahe Paris interniert wurde. Im Juli 1943 wurde sie nach Auschwitz-Birkenau deportiert.

Bereits im April 1943 war in Auschwitz-Birkenau durch die SS-Oberaufseherin Maria Mandl ein

Frauenorchester aus überwiegend nicht-jüdischen Amateurmusikerinnen gegründet worden, das ebenso wie die Männerorchester beim Auszug der Gefangenen zur Arbeit, beim Apell und bei Konzerten für die Lagerkommandantur musizieren musste. Als Alma Rosé in Ausschwitz registriert wurde, bestimmte man sie anfangs für die medizinischen Versuche Josef Mengeles. Dann erkannte Maria Mandl die renommierte Geigerin und übertrug ihr die Leitung des Frauenorchesters.

In den neun Monaten ihrer Leitungsfunktion hob Alma Rosé das Niveau des gemeinsamen Musizierens entscheidend an. Sie erweiterte das Repertoire durch eigene Arrangements, so wurden neben den üblichen Märschen auch Partien aus Operetten, Opern und Instrumentalwerken gespielt. In der täglichen Probenarbeit wie auch bei den Aufführungen zeigte sie dieselbe Strenge wie mit den „Walzermädeln". In ihrer Funktion als „Kapo" setzte sie bei der SS-Lagerleitung möglichst gute Bedingungen für ihre Musikerinnen durch wie z. B. eine beheizte Baracke und eigene Schlaflager, regelmäßige Benutzung der Waschräume und Kleiderwechsel.

Das Orchester hatte ca. fünfzig Mitglieder und bestand aus siebzehn Geigerinnen, neun Mandolinespielerinnen, sechs Gitarristinnen, zwei Cellistinnen, einer Flötistin, drei Akkordeonistinnen, zwei

Schlagzeugerinnen, vier Pianistinnen, zehn Sängerinnen und dreizehn Frauen, die als Notenkopistinnen tätig waren – wobei einige der Frauen mehrere Funktionen übernahmen.[87] Überlebende berichteten mit Dankbarkeit, dass Alma Rosé sie durch die gezielte Aufnahme jüdischer Musikerinnen vor der Vernichtung gerettet habe. Sie habe ihnen allen durch ihre Ernsthaftigkeit beim Musizieren und ihre Fürsorge ihre Würde wiedergegeben, auch wenn ihre einzigartige Stellung der SS gegenüber auch Kritik und Abscheu auslöste.[88] Einmal mehr zeigte Alma Rosé ihre Eigenart, unbeirrt von den Umständen höchste Ansprüche an sich selbst und an ihre Musikerinnen zu stellen, die ihren Vater, Arnold Rosé, einst zu der Überzeugung gebracht hatte, seine Tochter sei „von Mahlers Geist besessen“[89].

Das Ensemble bestand insgesamt anderthalb Jahre. Nur sechs Frauen schieden aus, drei starben in Auschwitz-Birkenau an Seuchen. Im Oktober 1944 wurden die überlebenden jüdischen Mitglieder nach Bergen-Belsen überführt – zu diesem Zeitpunkt war Alma Rosé jedoch bereits gestorben. Sie erlag am 5. April 1944 vermutlich den Folgen einer Lebensmittelvergiftung.

Anmerkungen

1 Bauer-Lechner, Natalie. Letter to Hans Riehl. Translated und annotated by Morten Solvik and Stephen E. Hefling, in: The Musical Quarterly 2014, Vol. 97 Nr. 1. S. 1–65.
2 https://mugi.hfmt-hamburg.de/
3 Bauer-Lechner, Natalie. Erinnerungen an Gustav Mahler. Wien 1923. S. 1–2.
4 Ebda. Das Manuskript mit weiteren Texten befindet sich in der Mediathèque Musicale Mahler in Paris.
5 Bauer-Lechner, Natalie. Fragmente: Gelerntes und Gelebtes. Wien 1907. S. 84.
6 Mit Elly Finger-Bailetti, 2. Violine, ab 1898 Elsa von Planck und Lucy Herbert-Campbell Violoncello, ab 1903 Leontine Gärtner.
7 Kühnen, Barbara. Marie Soldat-Roeger, in: Dreyfus, Kay (Hg.) et al. Die Geige war ihr Leben. Strasshof 2000. S. 58 ff.
8 Ebda., S. 59.
9 Ebda., S. 64.
10 Bauer-Lechner (1907). S. 226.
11 Wenzel, Silke. Marie Soldat-Röger, in: Musikvermittlung und Genderforschung im Internet, hg. von Beatrix Borchard und Nina Noeske, Hamburg, 2003ff. Stand vom 23.11.2017 URL: http://mugi.hfmt-hamburg.de/artikel/Marie_Soldat-Röger [02.05.2020].
12 Merker Nr. 3. S. 184–188; Musikblätter des Anbruch Nr. 2. Sonderheft Gustav Mahler. S. 306–309.
13 Killian, Herbert (Hg.). Gustav Mahler in den Erinnerungen von Natalie Bauer-Lechner. Hamburg 1984. S. 12.
14 ORF/SF/BR/3sat 2010.
15 Engelbrecht, Christiane et al. Theater in Kassel. Kassel 1959. S. 84 ff.

16 Bauer-Lechner (2014). S. 21.
17 Blaukopf, Herta (Hg.). Gustav Mahler. Briefe. Wien, Hamburg 1982. S. 29–30.
18 Ebda., S. 33–34.
19 Ebda., S. 34–35.
20 Ebda., S. 40–41.
21 Schaefer, Hans Joachim. Gustav Mahler. Kassel 1990.S. 85.
22 Ebda., S. 75.
23 Ebda., S. 60.
24 Franz Werner Halft der Verf. gegenüber per E-Mail am 15.03.2019.
25 Berliner Adressbuch von 1918.
26 Ludová, Jitka. Betty Frank, Gustav Mahlers Prager Freundin, in: Gustav Mahler und Prag. Ŭstav pro hudebni vĕdu, Akademie vĕd ČR, Prag 1996, S. 45.
27 Ebda., S. 43–76.
28 Ebda., S. 55 und 65.
29 Willnauer, Franz (Hg.). Gustav Mahler. „In Eile – wie immer!". Wien 2016. S. 272.
30 Ebda., S. 274.
31 Ebda., S. 274.
32 Ludová (1996). S. 76.
33 Ebda., S. 76.
34 Willnauer (2016). S. 276–277.
35 Ebda., S. 289.
36 Ebda., S. 279.
37 Vgl. http://www.middletonia.co.uk/peopleandplaces/schwabes.html [21.03.2019].
38 Schumann, Eugenie. Erinnerungen. Stuttgart 1848. S. 149.
39 Vgl. Seibold, Wolfgang. Clara Schumann in Württemberg. Sinzig 2018. S. 106 ff.
40 Vgl. Moser, Andreas (Hg.). Briefe von Joseph Joachim. Bd. III

1869–1907. Berlin 1913. S. 72–73 und 182–183.

41 Bauer-Lechner (2014). S. 23.

42 Borchardt, Georg. Gustav Mahler und Marion von Weber, in: Constantin Floros (Hg.). Gustav Mahler und die Oper. Zürich 2005. S. 22–51.

43 Bei der Uraufführung der Sinfonie am 20.11.1889 in Budapest wurde der Satz noch gespielt, später in Hamburg änderte Mahler ihn ab; seit der ersten Wiener Druckausgabe 1898 fehlt er.

44 Bauer-Lechner (2014). S. 27.

45 Smyth, Ethel. Impressions that Remained. New York 1946. S. 400.

46 Reeser, Eduard (Hg.). Gustav Mahler in Holland. Wien 1980. S. 88–91.

47 Bauer-Lechner (2014). S. 28–29.

48 Reeser, (1980). S. 88–91.

49 Bauer-Lechner (2014). S. 41–43.

50 Fischer, Jens Malte. Gustav Mahler. Der fremde Vertraute. Wien 2003, zit. nach München 2010. S. 233.

51 Ebda., S. 271.

52 Bahr-Mildenburg, Anna. Erinnerungen. Wien 1921. S. 12–13.

53 Willnauer, Franz. Gustav Mahler. ‚Mein lieber Trotzkopf, meine süße Mohnblume'. Briefe an Anna von Mildenburg. Wien 2006.

54 Bahr-Mildenburg (1921). S. 14.

55 Blaukopf, Herta. Gustav Mahler. Unbekannte Briefe. Wien/Hamburg 1983. S. 232 und 234.

56 Bahr-Mildenburg (1921). S. 64.

57 Martensen, Karin. Anna Bahr-Mildenburg, in: Musikvermittlung und Genderforschung im Internet, hg. von Beatrix Borchard und Nina Noeske, Hamburg, 2003ff. Stand vom 24.04.2018. URL: http://mugi.hfmt-hamburg.de/artikel/Anna_Bahr-Mildenburg, [03.05.2020].

58 Vgl. Martensen. Die Frau führt Regie. Anna Bahr-Mildenburg als

Regisseurin des Ring des Nibelungen. München 2013.

59 Gustav Mahler in einem Brief an Emil Claar, Intendant der Frankfurter Oper, zit. nach Willnauer (2016). S. 310.

60 Willnauer (2016). S. 335–336.

61 Bauer-Lechner (2014). S. 49.

62 Willnauer (2016). S. 335.

63 Halban, Dési (Hg.). Selma Kurz. Die Sängerin und ihre Zeit. Stuttgart, Zürich 1983. S. 132.

64 Ebda., S. 195.

65 Mahler-Werfel, Alma. Mein Leben. Frankfurt a. M. 1960, zit. nach Frankfurt a. M. 2000. S. 16.

66 Fischer (2010). S. 448.

67 Mahler-Werfel (2000). S. 20.

68 Ebda., S. 21.

69 Mahler-Werfel, Alma. Tagebuch-Suiten 1898–1902. Frankfurt a. M. 1997. S. 11.

70 Mahler-Werfel (2000). S. 29.

71 La Grange, Henry-Louis de (Hg). Ein Glück ohne Ruh'. Die Briefe Gustav Mahlers an Alma (1995). S. 108.

72 Mahler-Werfel (1997). S. 745.

73 Mahler, Alma. Gustav Mahler. Erinnerungen und Briefe. Amsterdam 1940.

74 Mahler-Werfel (1960).

75 Mahler-Werfel (1997).

76 Oliver Hilmes, Witwe im Wahn, München 2004.

77 Fischer (2010). S. 442.

78 Unseld, Melanie. Alma Mahler, in: Musikvermittlung und Genderforschung im Internet, hg. von Beatrix Borchard und Nina Noeske, 2003ff. Stand vom 17.04.2018. URL: https://mugi.hfmt-hamburg.de/Artikel/Alma_Mahler [20.10.2019]

79 Weidle, Barbara. Kindheit im Schatten, in: Weidle, B., Seeber,

Ursula (Hg.). Anna Mahler. Ich bin in mir selbst zu Hause. Bonn 1994. S. 7.

80 Ebda., S. 21.

81 Ebda., S. 24.

82 Vgl. Hurworth, Gregory. Aus Anna Koller wird Anni Krenek, in: Weidle/Seeber (1994). S. 48. Der Klavierauszug wurde bei Universal veröffentlicht.

83 Vgl. Maurer-Zenck, Claudia. Kritischer Bericht zu Ernst Krenek. Frühe Lieder für Gesang und Klavier. Wien 2015, Heft 2.

84 Vgl. Hurworth (1994). S. 39–40.

85 Newman, Richard mit Karen Kirtley. Alma Rosé. OA Portland 2000. Hier zit. nach der dt. Ausgabe Bonn 2003. S. 80.

86 Newman (2003). S. 225.

87 Ebda., S. 439.

88 1976 erschien das Buch „Das Mädchenorchester von Auschwitz" des ehemaligen Orchestermitglieds Fania Fénelon, Sängerin, auf Französisch, später auf Deutsch. Ihre Charakterisierung Alma Rosés, die äußerst negativ ist, wird von anderen Überlebenden jedoch als unzutreffend bezeichnet.

89 Newman (2003). S. 432.

Abbildungsnachweis

Umschlag vorn (Natalie Bauer-Lechner) bzw. S. 12: k. u. k Hof- und Kammerfotograf A. Huber, Wien, Killian 1984, Bildtafel IX.

S. 13: Gesellschaft der Musikfreunde Wien, Killian 1984, Bildtafel IX.

Umschlag vorn (Johanna Richter) bzw. S. 16: Gottheil & Sohn, Königsberg, Theaterwissenschaftliche Sammlung, Universität zu Köln.

Umschlag vorn (Alma Mahler) bzw. S. 63, S. 17 und S. 65: Österreichische Nationalbibliothek (ÖNB).

S. 28: A. Weger, Leipzig, Universitätsbibliothek Johann Christian Senckenberg Frankfurt a. M., Sammlung Manskopf.

Umschlag vorn (Selma Kurz, Anna Mahler) bzw. S. 51 und S. 36: privat.

S. 46: Hof-Fotograf Angerer, Wien.

S. 68: Archiv Marina Mahler, Spoleto.

Umschlag vorn (Alma Rosé), S. 70, S. 71, S. 72 und S. 74: Mahler-Rosé Collection, The Music Library, Western University, London/ Ontario, Canada.

Über die Autorin

Martina Bick
studierte historische Musikwissenschaft, Neuere deutsche Literatur und Gender Studies in Münster und Hamburg und erforscht insbesondere die Musikgeschichtsschreibung unter Genderaspekten. Sie arbeitet als wissenschaftliche Mitarbeiterin und Referentin der Gleichstellungsbeauftragten an der Hochschule für Musik und Theater Hamburg und schreibt außerdem Romane, historische Romane, Kriminalromane und Kurzgeschichten. Bei Hentrich & Hentrich sind von ihr erschienen: *Musikerinnen in der Familie Mendelssohn*, Jüdische Miniaturen Bd. 202, ISBN 978-3-95565-196-1, *Ebba Agnes Simon und ihre Familie*, Jüdische Miniaturen Bd. 195, ISBN 978-3-95565-183-1.

Jüdische Miniaturen
Bd. 202

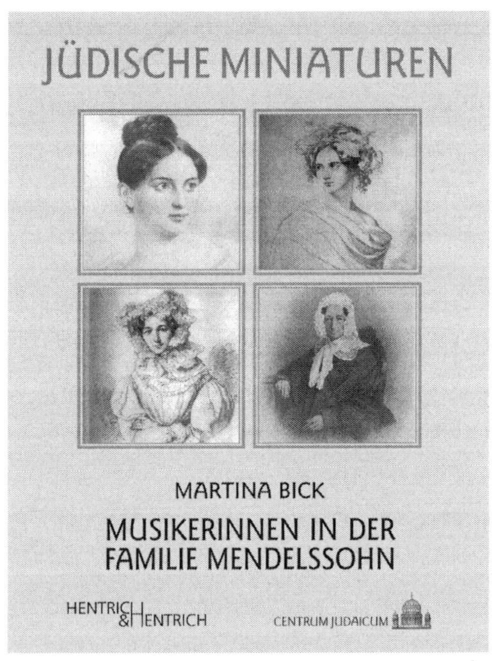

Martina Bick
Musikerinnen in der Familie Mendelssohn
80 Seiten, 16 Abbildungen
ISBN 978-3-95565-196-1, € 8,90